中江藤樹『翁問答』

致知出版社

「いつか読んでみたかった日本の名著シリーズ」刊行にあたって

世に名著と呼ばれる本があります。その名前を聞けば誰もが知っていて、内容も何となく聞きかじっている。しかし、「いつか読んでみよう」と思いつつも読むチャンスがない。あるいは、読み始めてみたものの想像以上に難しくて途中で投げ出してしまった……。そんな経験のある人は少なくないかもしれません。

本シリーズは、そうした〝読みたかったけれど読んだことのない〟日本の名著を気軽にお読みいただくために企画されました。いわゆる〝超訳〟ではなく、原文を忠実に訳しながらも可能な限りわかりやすい現代語に置き換えているため、大人はもちろん、中高生でも十分に読破《どくは》できます。また、それぞれの本には読了《どくりょう》のために必要な目安時間も示しています。

ぜひ本シリーズで、一度は読んでみたかった日本の名著の醍醐味《だいごみ》を存分にご堪能《たんのう》ください。

中江藤樹『翁問答』現代語訳

一、底本には、岩波文庫『翁問答』（一九三六年十二月十五日第一刷発行／一九八九年三月十七日第六刷発行の二冊）を使用した。

一、章立てについて。底本は「上巻之本」「上巻之末」「下巻之本」「下巻之末」としているが、「本末」の意味がわかりにくく、誤解を招く恐れもあると考え、現代語訳では独自に「元亨利貞」（『易経』を象徴する言葉）を用い、上巻は「元の章」「亨の章」、下巻は「利の章」「貞の章」とした。※藤樹は、二十八歳のときに京都で『易経』を買い求めて独学で占いを身につけ、『翁問答』にも繰り返し出てくるので、そうしたことを許してくれるのではないか。

一、現代語訳では、重要語を強調してわかりやすくするために、底本にはない小見出しをつけ、「」『』〈〉【】〝〟を適宜加えている。

一、底本では、孔子など聖賢を語る個所では敬語を用いた書き方になっているが、現代語訳では敬語扱いはしていない。

一、現代語訳では、通説とは異なる独自の解釈をしたところもある。

序

私は、学問の道を志した十五歳のときに、いくつかのことを心に誓い、それらを実現するにはどうすればよいかを探り当てようと思い立って、何年もかけて禅宗をはじめとする諸宗派の教えを学んだ。

だが、そこで戦わされる議論には偏《かたよ》りがあり、道も曲がっているように感じられた。それに、学んだ説法や教法も日々の暮らしには役立たなかったことから、私は儒教の門を叩いて「四書五経《ししょごきょう》」（四書は『大学』『中庸』『論語』『孟子』。五経は『易経』『書経』『詩経』『礼記《らいき》』『春秋』）の真の教えを受け、自分で自分を励ましながら切磋琢磨したのだが、『論語』にいう「三隅《※さんぐう》を反《はん》す」（四角いものであれば、一隅を知ったら、他の三隅を類推し、さらにより深い質問をする）ような聡明さとは無縁の愚か者なので、悟りを開くなどということは無理な相談で、気がつくと三十歳という而立《じりつ》（志した道に立つ）年齢を空しく通り越していたのだった。

道を間違えるのは愚かな人間の常とはいえ、私は、自分自身の能力のお粗末さを忘れ、それどころか、師匠がその器ではないのではないかと疑い、「どこかに聡明で道理に通じた先覚者はいないものか」と寝ても覚めても考えているありさまだった。

そんな折に、友人が「天君《てんくん》と呼ばれている先覚者と思える老翁がいるらしい」というのを聞いて、閃《ひらめ》くものがあった。その老翁を訪ね、言葉を交わす機会を得たのである。

とはいうものの、私の眼力は「馬を見分ける名人」と評判の高かった中国の周の時代の伯楽のそれではないので、一日に千里を走る駿馬《しゅんめ》と鈍足の駑馬《どば》の区別がつくわけもないが、その老翁の違いは私にもわかった。動作や態度に威厳があって、とても気高いのに、他人への接し方は穏やかで温かく、しかも謙遜しているのだった。

その様子は、世間でよく見かける高飛車で傲慢な俗儒《ぞくじゅ》とはまるで違っていたので、自然と親しみを感じ、尊敬の念を覚えて、時間がある日はずっと老翁のそばに侍していた。

その老翁の門下に「体充《たいじゅう》」という優秀な者がいて、一日中ひっきりなしに疑問をぶつけたり、議論をしたりしていた。私は、そばでその一部始終を聞いていたが、自分の頭で理解できないことは記憶することができなかった。それでも、自分でもだいたいわかるところは、家に帰ってから和文で記録し、備忘録とした。

そうやって何年も経ったので、書き残した項目もたくさん増え、心に刻み、多少ではあるが、それを行動に移すべき道でも悟りを開いたように思えたことから、あるいは、万に一つでも世間にたくさんいる私のような愚か者の役に立つかもしれないと考えて、改めてその備忘録を清書し、『翁問答』と題して袱紗《ふくさ》に包んで文箱《ふばこ》にしまっておいた。

言葉づかいの粗雑なせいで、読者が理論を十二分に理解できないかもしれないが、君子ともいうべきその方面の達人に添削指導を仰ぐほどでもないので、愚か者がただ書きつけたままにしたが、翁の本意と違っているような個所も多々あるのではなかろうか。

もし、これを読む人がいたら、『孟子』がいっているように、一つ一つの言葉にこだわりすぎて全体の意味を取り違えないようにしてさえもらえたら、私にとってそれ以上の幸甚はない。

※三隅を反す　孔子が弟子の教育方針を述べた「子曰く、憤《ふん》せざれば啓《けい》せず。悱《ひ》せざれば発せず。一隅を挙げて之を示し、三隅を以て反せずば、則ち復《また》せず」（『論語』述而篇《じゅつじ》）のこと。「孔子曰く、学んで発奮しないと自己啓発にはならない。考えたことをうまく伝えられず、もどかしがっていたら、よく説明してやって発奮を促す。四角いもので説明すると、一隅を知ったら、他の三隅を類推し、さらにより深い質問をするようでなければ、繰り返し説明することはしない」という意味。

門人の記「改訂増補版に寄せて」

『翁問答』は、わが藤樹先生が著述した書物である。先師はかつて伊予大洲藩（現愛媛県大洲市）に仕えていたが、辞して寛永十一（一六三四）年に郷里の近江国《おうみのくに》（現滋賀県）へ帰った。伊予大洲藩の同志たちは、先覚者に去られて模範とすべき人物を失い、また文学の分野にも弱かったので、経書（儒教の経典）を読んでも触発されなくなったとさかんに嘆いた。そして、あることを思いつく。「どのようにすれば、物事の道理をわきまえられるようになるか」とか「徳を身につけるにはどうすればいいか」といった質問を書き連ね、それらへの返答を漢文ではなく和文で教えてもらえないかと先生に懇請するのだ。

その熱意にほだされて、先生は、ついに『翁問答』（上・下）を著《あらわ》す決断をする。時に寛永十八（一六四一）年辛巳《かのとみ》の出来事であった。

しかしながら、先生の学問がどんどん進み、深くなるにつれて、その『翁問答』に記した内容が次第に先生の意に添わなくなった。それが書き改めたいという強い思いとなったことから、門人の誰にも見せようとされなくなった。

ところが、寛永二十（一六四三）年癸未《みずのとひつじ》になって、どういう経緯かは不明だが、先生の原稿がある出版業者の手に渡って既に上梓されていたという思いもよらぬ事件が起きた。幸いにもそのことを早めに知ったので、破棄し事なきを得た。そういうことがあった。

ある人が先生にこんなことをいった。

「『翁問答』は文章が格調高く、展開されている論も明快で実にいきいきしている。われわれのような愚か者は、これを読むことで得るところが多いはずだ。それなのに、どういう理由で固く秘し、広く世間に教示しようとされないのですか」

先生は、こう返事された。

「『翁問答』を書いたときの私は、今と比べて学問がまだ未熟で、隅々までよくゆき届いてはいなかった。加えて当時の私は、聖道が行われていないことを憂えており、末学（枝葉末節の学問）がもたらす弊害を何とかしたいとの思いがあった。そのために激しい議論を戦わせ、角が立つ場面もあったのだ。『翁問答』を読む人が、私の本意を正しく理解できないと、かえって反感を買うことになりかねない。そうなったら、世の中の役に立つどころか、かえって害を与えてしまう。だから私は、書き改めたいと思っているのだ。そういう理由で、これまで私は広く世間に伝えることを望まなかったのだ」

そのようなやり取りがあって、先生は、丙戌《ひのえいぬ》（正保三〔一六四六〕）の年の冬に下巻の一、二篇を改訂された。続いて翌丁亥《※ひのとい》（正保四〔一六四七〕）の年には、それを再び書き改めようと試みられた。しかし、病気のせいだったのか、少し加筆されただけで、全頁にわたっての校正はついに叶わなかった。同年には上巻も大幅に改定したいとの意向が先生にあったのだが、冬にごくわずかを手直しただけで終わってしまい、また果たせなかった。

※藤樹が亡くなるのは、その翌年の慶安元（一六四八）年十月。

※出版までの経緯を時系列でまとめると、次のようになる。

一六三四（寛永十一）年　近江国へ帰郷
一六四一（寛永十八）年　伊予大洲藩時代の同志らの要請で、出版
一六四三（寛永二十）年　海賊版、登場
一六四六（正保三）年（冬）下巻一、二編を加筆
一六四七（正保四）年（春）下巻一篇を加筆
一六四七（正保四）年（冬）上巻一篇を加筆
一九四八（慶安元）年（冬）藤樹死去
一六四九（慶安二）年　『翁問答』初版本出版（五巻五冊本／版元　丁子屋《ちょうじや》仁兵衛）

一六五〇（慶安三）年（夏）　門人が「序」（改定にあたって）を執筆
一六五〇（慶安三）年（冬）『翁問答』改訂・再構成本出版（五巻五冊本／版元　風月宗知）

先生は、かつて次のようにいわれたことがある。

「問答のうち、儒教と仏教を論じている個所などは、今これを読むと、改訂する理由が必ずしも適切でないように思えてくる」

「『翁問答』の上巻は『孝経《こうきょう》』に啓発されて書いた。そのため、〈孝〉という字にかなり翻弄された感がある。『孝経』の主旨からはずれているということはないが、今これを書くとすれば、そういう書き方にはならないだろう」

「志がある人で、世の中に憤りを感じ、さまざまな弊害を憂えている人が読んだら、もしかすると刺激を受けて奮い立つかもしれないが、そうなったときの心の持ちようについての詳細な説明や実際にどうすればよいのかといった点にまでは細かく論及していない」

先生の胸のうちは、そういう感じだった。

そんなわけで、『翁問答』を世に送り出すことは、先生にとっては本来の目的からはずれていた。そのため、先生が逝去されて以後、われわれ門人は『翁問答』を門外不出としてきたのだ。ところが、先生の死から二年後の今年（慶安三〔一六五〇〕年）の春になって、またしても出版元に漏れ、とうとう刊行されてしまったのである。

門人らが驚いて目を通してみると、先生の下書き原稿をそのまま本にしており、以前に勝手に刊行され廃棄した本の内容ではなかった。ひそかに書き写したようで、誤字脱字が多かった。そういった諸々のことを考慮した結果、改めて正式に出版することにしたのである。やむを得ず、今回の無許可本の文章に赤を入れて校正し、さらに巻末に改定稿を新たに追加し、そのようにした理由を書き添えることで先生の志の一端を広く示すとともに、それが読者の心にも届くようにしたのである。

読者は、本書を読んで学びの日々に新しいことを考え、この『翁問答』だけで終わりとしないで、さらに詳しく中庸の道を目指したいと願うのであれば、本書は「徳入門指南書」というべきものになるだろう。

だが、もしもいいかげんに読み飛ばし、血がしたたり落ちるような苦しい気持ちを感じることもなく、「致知《ちち》の功」（実践を通して本物の叡智《えいち》を身につける努力）をおろそかにするなら、かえって先生が恐れていたさまざまな弊害に陥る危険性があるかもしれない。われわれ門人も、そういうことを肝に銘じて日々慎まねばなるまい。


慶安三（一六五〇）年庚寅《かのえとら》夏六月既望《きぼう》（陰暦十六日夜）

門人識《しる》す

中江藤樹『翁問答』現代語訳＊目次

上巻

元の章〔上巻之本〕

亨の章〔上巻之末〕

下巻

利の章〔下巻之本〕

貞の巻〔下巻之末〕

装　幀——轡田昭彦
　　　　坪井朋子
編集協力——柏木孝之
シリーズ——アップルシード・
企　画　　エージェンシー
http://appleseed.co.jp/

上巻

元の章〔上巻之本〕

最高の徳「至徳要道」とは何か

【門弟体充の質問】（以下、**【問】**と表記） 人間の心だて（性質、気だて）は十人十色で、行動の仕方もさまざまです。どれが是でどれが非なのかと考えていると頭が混乱してしまい、どうしたらよいのかわからなくなります。人は、生涯で、どのような道を選択して自分の生き方とするのがよいのでしょうか。

【老師天君の答】（以下、**【答】**と表記） われわれ人間の体には、「至徳要道《しとくようどう》」（最も重要な道である至高の徳）と呼ぶ天下無双の霊妙な宝が備わっている。その宝を上手に活かし、心に誓ったことをよく守り、忠実に実行するのを基本と心がけることだ。この宝は、上は天道※に通じ、下は四海に明らかである。したがって、この宝を活かして交わるなら、「五倫※」と呼んでいる父子、君臣、夫婦、兄弟、朋友が、いずれも和睦して相互間に怨みが生じる余地などない。
※神明に仕えたら、神明はその者を受け入れてくださる。天下を治めたら世は泰平となり、国を治めれば万事うまく治まり、わが身に行えば立派な修養となり、それを心に誓い守るなら、心は清らかに澄みわたるはずだ。
そのような霊宝を求めて学ぶことを「儒者の学問」というのである。

その宝を生まれながらにして身につけている人を「聖人」という。学問によって後天的に身につけ、それを守り行う人を「賢人」というのである。孔子は、万世の闇を照らすために、この宝を求め学ぶための鏡として『孝経《こうきょう》』をつくったのだが、秦《しん》（紀元前二二一〜紀元前二〇六年）の時代からこの方、千八百余年の間に十分よく学び得た人は稀なのだ。そして今の明の時代になって、やっと『孝経』を敬い、研究する人が多くなった。

聖帝舜※は、この宝を生まれながら身につけていたので、庶民でありながら天子の位にまで昇りつめたのである。また文王も、やはりこの宝を備えていて、天帝の左右に侍していた。一方、「二十四孝※」の一人である董永《とうえい》は、この宝をよく守ったことで天人である織女を妻に迎えたし、同じく孝行者の呉二は、この宝を守ったことで、雷に打たれて死ぬべき運命（宿悪《しゅくあく》の天刑）を免れることができた。このように、古来、霊験《れいげん》というものは語り尽くせない。だから、篤く信仰して受け入れ、活用するようにしないといけないのだ。

※**老師天君と門弟体充**　天君＝理（心）、体充＝気（体）を象徴している。

※**天道**　天の道で「てんとう」と読む。古来、日本人は、太陽を「天地を司る神」として崇め、「おてんとうさま」（御天道様）と親しみを込めて呼び習わしてきた。

※**五倫**　倫は「倫理」の意で、「人として守るべき規則・秩序・道徳」をいう。君臣・父子・夫婦・長幼・朋友の五つの人間関係で守るべき人としての最低限のルールが「五倫」であるとするのが「儒教」の教え。

※**神明**　「天地神明に誓って」というときの神明。神＝天神、明＝地祇《ちぎ》（地神）と藤樹はいっている。一般には神明＝神だ。

※**舜**　堯《ぎょう》と並ぶ古代中国の伝説上の聖帝。有虞《ゆうぐ》氏を名乗ったので「虞舜《ぐしゅん》」とも呼ばれる。

※**二十四孝**　中国で古来、語り継がれてきた二十四人の親孝行物語で、元の郭居敬の作とされる。
①舜（虞舜）、②文帝（『三国志』で名高い劉邦の子で第五代前漢皇帝。在位紀元前一八〇～紀元前一五七年）、③曾参《そうしん》（曾子。孟子の弟子）、④閔子騫《びんしけん》（孔門十哲の一人）、⑤仲由《ちゅうゆう》（子路、孔門十哲の一人）、⑥董永、⑦剡子《えんし》、⑧江革《こうかく》、⑨陸績《りくせき》、⑩唐夫人《とうふじん》、⑪呉猛《ごもう》、⑫王祥《おうしょう》、⑬郭巨《かくきょ》、⑭楊香《ようこう》、⑮朱寿《しゅじゅ》昌《しょう》、⑯庾黔婁《ゆけんろう》、⑰老莱子《ろうらいし》、⑱蔡順《さいじゅん》、⑲黄香《こうこう》、⑳姜詩《きょうし》、㉑王褒《おうほう》（北周の文学者）、㉒丁蘭《ていらん》、㉓孟宗《もうそう》（冬のさなかに病母が食べたいといったタケノコを掘った）、㉔黄庭堅《こうていけん》。

孝とは「愛」と「敬」

【問】そのような宝は心から求めたいと思うのですが、あまりにも広大な道なので、私どものような力量の者にはとても無理なように思えます。

【答】そういう心得はよくない。広大であるからこそ、われわれのような凡夫の力量でも及ぶのだ。太陽や月の光がいい例である。光の及ぶところが実に広大なので、目がある者なら誰でも目にすることができる。それと同じなのだ。この宝も広大であり、身分の貴賤《きせん》や男女の別を問わないし、幼かろうが老いていようが、本気で取り組みたいと思う者なら誰でも守り行える道なのである。

「至徳要道」という至宝は、天にあっては天の道となり、地にあっては地の道となり、人にあっては人の道となる。この霊宝には、元来、呼び名はついていないのだが、古《いにしえ》の聖人が、衆生《しゅじょう》にわかりやすく教え示すために、便宜的にその内容を象徴する意味合いの「孝」と名づけられたのである。以来、今日まで、「孝」という名称は、世間で「愚痴不肖《ぐちふしょう》」といっている身分の低い未熟で愚かな連中に至るまで知っているが、その真実の道理についてはどうかといえば、「老師」※とか「宿儒《しゅくじゅ》」と評される学徳のある人物や抜群の見識で知られている人物でさえ、悟りを得ることは稀なのが実情だ。

そういうわけで、世間では親に仕えることだけを「孝」だと思い、底の浅い単純な道理であると勘違いしている。孔子は、そのことを嘆かわしく思い、万世の人々を心の迷いから解き放つために、「天道は、孝という徳を備え、神妙不測にして広大深遠な存在で、始まりも終わりもない」ということを誰よりも先んじて『孝経』という書物にわかりやすく記したのである。

※老師・宿儒　老師とは、ただ単に年老いているだけでなく、学徳を備えた恩師・僧侶を指す。宿儒は、博識で声望のある人物をいう。

※神妙不測にして広大深遠　人知を超えた不思議さは予測不能で、広く大きく深くて果てがない。

天と心が「感通」

【答（続き）】　「孝」と呼ぶ「天地の大きな徳」が動き働いて人の心に通じることを「感通」というが、その感通のさまを言葉で表現すると、「愛敬《あいけい》」の二文字に帰結する。愛は「ねんごろに親しむ」という意味であり、「敬」は「目上の者は敬い、目下の者を軽んじたり侮蔑《ぶべつ》したりしない『義』」をいう。喩えていうなら、孝は一点の曇りもない「明鏡」のようである。孝に向き合うものの姿かたちや色の違いによって、鏡に映る像はさまざまに変化するが、その姿や形をはっきりと映し出す鏡そのものは変わりはしないのだ。

父と子が、あるいは君と臣が、人として接するケースはそれこそ千差万別だが、愛敬という至徳が相手に通じない場面はない。そのことをおおまかに説明すると、以下のようになる。

まず五倫については、子が親を愛敬することが人と天とが通じ合う「感通」の根本なので、「孝」本来の名称を活かして「孝行」と名づけた。孔子は、天地の徳がどのように動いて人に通じるかの違いによって、別の名称をつけて教えを示したのである。つまり、君臣間では、家臣に二心《ふたごころ》（背こうとする心）がなく主君を愛敬することを「忠」と名づけ、君主が臣に礼を尽くして愛敬することを「仁」と名づけたのだ。

また、親子間では、親が子を正しく教導しつつ愛敬することを「慈《じ》」と名づけた。兄弟間では、弟が兄に和順して愛敬することを「悌《てい》」と名づけ、兄が弟を善の心で愛敬することを「恵《けい》」と名づけた。夫婦間では、妻が夫に対して礼節を守って愛敬することを「順《じゅん》」と名づけ、夫が義を守って妻を敬愛することを「和《わ》」と名づけた。そして朋友間では、偽りなく敬愛することを「信《しん》」と名づけたのである。

それらの徳目を人の体に当てはめて説明すると、耳目のように聡明であり、四肢のように重厚で恭《うやうや》しく、行住坐臥（歩き、止まり、座り、臥すという日常の基本的な振る舞い）のようで、どれをとっても孝徳や愛敬が感通していないものはないのである。

このように、五倫は身近に接する道徳なので、どんなに身分の低い痴愚不肖の男女、そして親の膝元を離れたがらない幼児でさえ、よく知り、よく行うことができるのだが、全体は至極ともいうべきで、聖人であってもすべてを実行することは難しいのだ。まさに二つとない要道であり、二つとない重宝なのであるが、故事にある「※卞和《べんか》の璧《たま》」のようになって世の中の闇を照らさないのは嘆かわしいことである。

※**感通**　天地の徳が動いて人の心に通じること。

※**卞和の璧**　「和氏《かし》の璧」とも。戦国時代の楚の人だった卞和は、山中で得た璧（宝玉）の原石を厲王《れいおう》に献上したが、ただの石とされて左足を切られ、次に武王に献じると右足を切られた。しかし、文王が位につき、石を磨かせると、本物の璧であることが判明。後の世に恵文王がこの玉を手に入れると、秦の昭王が十五の城と交換してほしいといったことから「連城の璧」ともいわれるようになった。

人は「天地の徳」

【問】　私は今まで親をよく養うことだけが孝行と思っておりました。私だけでなく、世間全般でそのように心得ていると思います。今、先生の教えを承りますと、心の内外を問わず、「無上の妙理《みょうり》」と感じます。それを守り行うべき方法を詳しく教えてください。

【答】　孝の全貌は、元来、「太虚《たいきょ》」（大いなる虚空）そのもので、たとえ億万年を経たとしても、「終わりはなく、始まりもない存在」である。孝のない時代はないし、孝を備えていない者もまたいないのだ。「全孝図」は、太虚を「体段《たいだん》」と呼ぶ「孝の本体の枠組み」とし、天地万物をそのうちの萌芽としている。

このように、孝という存在は、まさに「広大無辺にして至上の徳」なので、万事万物を見渡すと、孝の道理を備えていないものは皆無である。なかでも人は、「天地の徳」「万物の霊長」として、その心と体に孝の実体のすべてを備えているので、「身を立て、道を行う」ことが孝行を工夫する上での要綱となる。つまり、親によく仕えることは、身を立て道を行う孝行の一部なのである。

身を立てるというのは、この身は、もとをたどれば父母から受け継いだものであるから、「わが身は父母の身」と思って、まかり間違っても不義無道な言動はさし控え、また「父母の身はわが身」と考えて、心底から父母を大切に思って愛敬し、他人と自分とを区別しない「大通一貫《だいつういっかん》」（物我《ぶつが》一貫）の境地で接することである。

視・聴・言・動の心がけ

【答（続き）】　繰り返しいうまでもないが、わが命は父母から受け継ぎ、父母の命は天地から受け継ぎ、天地は太虚から受け継いだものであるから、わが身は、つまるところ、「太虚神明の分身」が変化したものということができる。

太虚神明の本体を明らかにして、それを決して失わずにいることを「身を立てる」という。そして、その太虚神明の本体を明らかにすることで、ひとかどの人間として立派に成長して人と交わり、さまざまな出来事に対応していくことを「道を行う」という。そうやって身を立て、道を行うことが「孝行の要点」である。

親には「愛敬」の誠を尽くし、主君には「忠」を尽くし、兄には「悌」を行い、弟には「恵」を施し、朋友とは「信」で交わり、夫は妻に「義」の心で接し、妻は夫に「順」であるように努め、いかなる場合でも嘘いつわりはいわず、どんなささいなことでも義に反することであれば行わず、視・聴・言・動※（視たり聴いたり言ったり動いたりするとき）は、決して非礼にならぬよう道に適った対応を心がけるのを「孝行の眼目」とする。だから、手を一回挙げたり、足を一歩運んだりするだけの動作にも孝行の道理が求められるのだ。人間にはさまざまな迷いがあるが、それらはすべて私欲に端を発している。私欲は、わが身を自分のものだと思い込むことで起きるのである。孝は、いわばその私欲を捨て去る主人公であるから、孝徳本来の意味を悟り得ない限り、どんなに博学多才であっても真の儒者とはいえない。ましてや愚かな未熟者は、禽獣《きんじゅう》に近い人間というしかないだろう。

※視・聴・言・動　『論語』（顔淵篇《がんえん》）の「子曰く、非礼視ること勿《なか》れ、非礼聴くこと勿れ、非礼言ふこと勿れ、非礼動くこと勿れ」を意味している。

「孝行」は死語ではない

【問】　孝行に五等の区分があるのは、どういう理由によるのでしょうか。

【答】　人間の尊卑の位には五段階ある。上位から順に天子、諸侯※、卿大夫《けいたいふ》、士《さむらい》、庶民の五段階だ。天子は天下を治める帝の位。諸侯は国（藩）を治める大名の位。卿大夫は天子や諸侯に命じられて国の政治を行う位。士は卿大夫に付き従って政治のいろいろな役割を果たす「士」（侍。武士）の位である。作物をつくる者を農といい、職人を工といい、商人を商という。この農工商の三つは、総称すると庶民（庶人）という位になる。

孝徳は一体だが、位の違いに応じてやるべきことには大小・高低の違いがあるので、古の聖人は、後世の凡人のために、それぞれの位に応じた道理の違いを説明したのだ。例えば孝徳は大海のようであり、五等の位は器のようである。器で水をくむ場合、器が大きいか小さいか、円いか四角いかといった形の違いはあっても、そこに入れる水は全く変わらないのである。古の聖人の時代には、人間の位は五等しかなかったので、五等の「孝」を考え付いたのだ。

※諸侯・卿・大夫・士　周の時代の身分制度で、大まかにいうと、王を頂点に諸侯（国の支配者）、卿（郡の支配者）、大夫（村里の支配者）・士（諸侯・卿・大夫らに仕えた）。卿と大夫を一緒にして「卿大夫」と表現されることが多い。

主君と父の恩は同等

【問】『孝経』は、最初の章（開宗明義章《かいそうめいぎ》）でどうして各種の人倫（人と人との間の道徳的秩序）

を紹介しないで、「忠」に関する「君に事《つかふる》に中《ちゅう》す」を説いたのでしょうか。

【答】主君への恩と父親への恩は同等である。「父はこれを生じ、君はこれを養う」といって、どちらも自分の命が維持されていることへの恩である。親は、自分の命の始発点なので、孝の根本に位置づけられる。主君への恩と親への恩は同じなので、二番目に「君に仕《つか》ふるに中す」と説いて孝徳が万事万物を貫き通す例とし、兄弟・夫婦・朋友の道をその中に包含させたのだ。『孝経』の章末で、「事君《じくん》」（主君に仕えること）だけを明らかにしているのも、そうした意味合いなのである。

「天子の孝」の理想形

【問】天子の孝行とは、どのようなものをいうのでしょうか。※
【答】愛敬という孝徳を世の中に明らかにすることが、天子の孝行である。それにはまず、天子みずからがその徳を明らかにして、「万物を感化する大本」を構築し、賢人を愛敬して宰相に据え、善人を愛敬してそれぞれの力量に応じた官職につけるのだ。
外交では、格下の小国の臣下を相手にしても、軽蔑したり無視したりしない。内政では、礼楽（礼儀と音楽）・刑政（刑罰と政治）・学校（教育）を正しく行って、世の中のすべての民に生まれつき備わっているはずの「本心の孝徳」を発揮させる。そうすれば、誰もが受け取ってしかるべき利益はきちんと受け得れるようになるし、楽しんで当たり前の楽しみを満喫できるようになる。

そういった形で万民を愛敬すれば、世の中はどこもかしこも天子の徳の教え（徳教）に感化され、誰の心身も徳で潤い、どの家にも孝子が出、国は忠臣ばかりになり、天下が一つにまとまって太平の世となり、外国の人々までもが喜んで、そのような聖王（先王）に心から仕えたというのが、参考にすべき古の「天子の孝行」についてのあらましだ。

※天子の孝行　『孝経』（天子章　第二）に「親を愛するなら、人を憎んではいけない。親を愛敬するなら、人を侮蔑してはいけない。親に仕えるときは愛敬を尽くさないといけない。その徳の教えは、万民に伝わり、国内外へも広がっていく。これが天子の孝というものである」（親を愛する者は、敢《あ》えて人を悪《にく》まず、親を敬《けい》する者は、敢えて人を侮《あなど》らず。愛敬は親に事《つか》ふるに盡《く》くして、徳教は百姓に加わり、四海に刑《のっと》る。蓋《けだ》し天子の孝なり）

諸侯の孝行

【問】　諸侯の孝行については、どうでしょうか。

【答】　愛敬を心がけた孝徳をその国の隅々までゆきわたらせることが、諸侯の孝行だ。それにはまず、自分自身の身持ちや気だてを正しくして、少しも驕《おご》ることなく、言動に気をつけて節度をよく守り、国を治める正しい作法をよく守って、家老をはじめとする重臣たちを敬い、そのほかの臣下も皆、自分の体と考えて、情けを感じるような接し方を心がけ、決して無礼な言動には及ばないようにする。

　また、臣下の者たちの気だてや力量を日頃から頭に叩き込むようにし、有能な者には出頭《しゅっとう》（家老など身分の高い家臣）や諸奉行といった職を命じ、公正な法令を施行する。百姓（万民）に対しては、憐れみの心を忘れることなく、なかんずく、伴侶を失った者、親や子のない者らに慈しみの目を向ける。そうすることで、国中の人々が心から喜んで初めて、国が富み栄え、しかもその存続が長く保たれる。そういう国の聖王に仕えることこそ、理想的な「諸侯の孝」のあらましといえよう。

卿大夫の孝行

【問】卿大夫の孝行については、どうでしょうか。

【答】それぞれの位の職分にふさわしい「愛敬」についての孝徳を明らかにするのが、卿太夫の孝行である。心を正しく保って身を修め、ちょっとした行跡であっても人が手本にしたくなるようにと心がけ、言葉一つもないがしろにしないで慎み深くし、主君のため、天下のため、国のためになることだけを考えて、自分自身の行いでは、利害を計算し打算で動くようなことは露ほども心にかけず、世の中がうまく治まっているときには人々の暮らしが安穏であるように政治を行い、世の中が乱れているときには大将となって軍兵を動かし、兵法をよく心得て機略をめぐらして百戦百勝の武功を立て、大将としての位を保って先祖を祀る宗廟《そうびょう》を守るのである。これが「卿大夫の孝行」のあらましである。

士の孝行

【問】士の孝行については、どうでしょうか。

【答】まかり間違っても、主君に対して「二心」を抱くことなく、身を捨てて主君を愛敬する心を失わず、各々の職分をよく守って仕事に励み、上司を敬い、朋輩から頼もしがられる存在となっても嘘いつわりなく柔和な態度で丁重に接し、立ち居振る舞い、気だて、身の持ちようなどは義理に適うようにし、簡略な礼法・芸能なども決して疎んじることなく、もしも出陣というときや主君や上司が難に遭遇したときには、武勇で知られる樊噲《はんかい》（漢の高祖の臣）をも凌ぐほどの武功を立てて禄高や位を維持し、先祖の祭祀を守るようにする。これが、「士の孝行」のあらましである。

庶民の孝行

【問】　庶民の孝行については、どうでしょうか。

【答】　農工商は、いずれも自分の役割を怠ることなく忠実にこなすことで、財産を貯えたら、無闇に浪費せずに、身もちや気だてをよく慎み、公儀《こうぎ》（幕府）を畏れ、法令に背かず、自分や妻子のことは二の次、三の次にして、まず父母の衣服や食事のことに気を配り、真心を尽くして出来る限りのことをし、父母がそれを喜んで受け入れてくれるようにもてなし、よく養うこと。それが「庶民の孝行」である。

庶民が父母を養う理由

【問】 五等（五段階）に分かれている孝行の中で、庶民に対してだけ父母を養うことを説かれるのは、どのような理由からでしょうか。

【答】 士より上の身分の者は家計に余裕があって、親を養うのは当たり前だが、庶民は家計が貧しいから心の苦しみも大きく、努力しても力及ばず、衣服や食物も不足しがちという事情から、庶民にだけ親を養うことを説いているのだ。その道理は、農工商間で相通じるものがある。そのことは、頭で理解するだけでなく、自分で実践して会得すべきだ。

【問】 五等の孝行の説とは、親を敬愛することだけが孝行ではなく、自分自身の徳を誰にもわかるようにし、各々が携わっている生業の果たす役割に精魂込めて打ち込むことが、孝行本来の意義ではありませんか。

【答】 そのとおりだ。要するに、「明徳」を明らかにすることが孝行本来の意味であるから、心中に軽率《けいそつ》な考えを起こし、怒るべきではないようなことに腹を立て、喜ぶべきではないようなことを喜び、願うべきではないことを願い、悔やむべきではないことを悔やみ、恐れるべきではないことを恐れる。それらは皆、不孝である。それから、嘘いつわりをたった一言いうだけでも不孝なのである。

ましてや不義無道（義に背き、道を外れた言行）および、死ぬべきところで死なず、死ぬべきではないところで犬死にし、取るべきではないものを貪るように取り、取るべきものを取らないこと、飢えと寒さに陥らせることは、もってのほか、大きな不孝である。そうしないことを固く心に誓って慎み、厳守しなければならない。

この理を知るだけでなく、よく理解し、心で守り身をもって実践するのを「儒者の学問」というのである。学問に励む者は世の中にたくさんいるが、この学問の本意を悟り、会得した者は稀である。

五倫の道

【問】「五倫の道」という名称は知っておりますが、詳しい理《ことわり》までは存じません。「全孝の心法」（心の本体を明らかにする修養法）が、日常生活を営む上で急務となっていますので、詳しく承りたいのです。

【答】「倫」は「次第」（順序）である。人の順序・区別は五つあるので「五倫」と名づけたのだ。五倫の道は常にあって、始まりも終わりもないから「五典《※ごてん》」という。五典の「典」は「つね」と読むのである。その五典によって人々を強化することを「五教」といい、

「五典」に備わっている精神を「五常の性」（性は生まれながら誰にも備わっている「本性」）という。具体的には、親子で一倫。主君と臣下で一倫。夫と妻で一倫。兄と弟で一倫。朋友との交わりで一倫。以上を五倫といっている。

親は子を「慈」の心で育て、子はその恩に「孝」を尽くし、そうやって互いに敬愛する。それを「親《しん》の道」という。

主君は人の心で臣下に接し、臣下は主君に忠節を尽くすことで、主君と臣下が上下同心となる。これを「義の道」という。夫は妻に「義」の心で接し、妻は夫に「順」の心で仕えることで、夫婦仲睦まじくすることを「別の道」という。兄は弟に「恵」の心で接し、弟は「悌《てい》」の心に徹することで兄弟が仲良くすることを「序の道」という。朋友の交際では、嘘やいつわりのない信頼関係を築いて親しくするのを「信《しん》の道」という。

これら親・義・別・序・信の五つを「五典」といっているのだ。人の心には、本来、仁・義・礼・智・信という「五常の性」※が備わっており、その者の主要な根本を形づくっている。その五常の性が天の道・天の理と通じ合うと、「五典の道」になるのである。

父子間の「親」は「仁」である。君臣間の義はそのまま「義」である。夫婦間の別は「智」である。長幼間の序は「礼」である。朋友間の信はそのまま「信」である。

これら五倫は、自分以外の他人との関係なので、その至理（究極の道理）がわからない者は誰もが、「五倫の道」と聞いて、自分の心中とは無関係だと考えてしまう。浅はかな迷いというしかない。

天地に存在する万物は、例外なく天道・天理の神明霊光の力によって生まれ育つのだから、自分自身の心の孝徳が明らかならば、神明に通じ、世の中に知られるのだから、天地万物は皆、おのずとわが心の孝徳の中にあるといえる。迷っている人は、心は体の中だけにあると思っているが、もとをたどれば、心の中に生まれた体なのである。したがって、悟りを得た者の目には、内も外も、幽も明も、有も無も違いはない。だが、「五倫の道」を体外にだけあると思って嫌い避け、内と外、幽と明、有と無は別々だとする考えは、悟ったかのように見えるかもしれないが、実は迷いなのである。五倫の道を細かく分けて論じると「五典十義《じゅうぎ》」だと『礼記』※（礼運篇）は記している。

※五典　「五常」とも「五教」ともいう。①父は義、②母は慈、③兄は友、④弟は恭、⑤子は孝。

※五常の性　天道・天理がわが心にあるのを「五常の性」または「孝」という。

※十義　『礼記』（礼運篇）は「人の義」を十に区分している。①父の慈、②子の孝、③兄の良、④弟の悌、⑤夫の義、⑥婦の聴、⑦長の恵、⑧幼の順、⑨君の仁、⑩臣の忠。

※礼記　『礼記』『周礼《しゅらい》』『儀礼《ぎらい》』を周代の三代礼書という。『周礼』『儀礼』は周公旦の作で、『礼

記』は孔子の門人および後世の儒者が記したといわれている。

鳥の「半哺の報い」と羊の「跪乳」

【答（続き）】まず、子の「孝」だが、人のさまざまな行い（百行）の源であり、人倫の第一の急務であるから、聖人の「五教」も「父子親《しん》あり」と最初に説いているのだ。

孝徳を明らかにしたいと思うなら、まず父母の恩徳について考えてみることだ。母は、受胎してから十カ月もの間、妊娠に伴う苦しみを受け、死の危険と隣り合わせの体となる。父は父で、胎児が安全無事に健やかに発育することを願って心配し、さまざまな辛苦を心の中で味わうのである。そして、いよいよ出産のときを迎えると、母は体を切り裂くような苦痛を受け、父の心は灼けるような苦痛にさいなまれることになる。幸いにして母子ともに安穏無事であれば、命が再びつながった喜びを感じ、母はたとえ濡れた寝床に伏したとしても、子だけは乾いた布団に寝かせるし、子がよく眠っているときには体を動すことはなく、自分の体が垢にまみれて汚らしくなっても、入浴や洗髪に振り向ける時間もなく、衣装などの身づくろいもできずに取り乱し、子の安穏以外のことを考える余裕はない。もしも子が小さな病気にでもなれば、医者を求め、神に祈り、自分と代わってほしいと願う。

乳離れするまでの三年間というもの、父母の味わう苦労は際限がないのである。

やがてその子が学校へ入学する年齢になると、先生を探し求め、道徳を教え、芸事を習わせて、人よりも才徳が勝ることを願い、『礼記《らいき》』（曲礼篇《きょくらい》）に記されているように、「有室《ゆうしつ》」（三十歳）に達したら、配偶者をもらい、家業に精を出して家が富み栄えるようにと願って尽力し、幸いにも才徳が人より勝れていて家が富み栄えたら心底から喜ぶが、もしも才徳が人より劣っていて幸せになれないときは、寝ても覚めても嘆くのである。

人の親というのは、そのように慈愛に満ちあふれ、また、そのような苦労を積み重ねながら子を養育している。したがって、子の体はもとより、髪の毛一本一本に至るまで、父母がさまざまな辛苦を重ねた結果であって、そのことに厚恩を感じないわけにはいかない。父母の恩は、天よりも高く、海よりも深いのだ。

それくらい広大無類な恩であるのに、本心が暗い凡夫は、その恩に報いることを忘れるどころか、恩があるとも恩がないとも思わないように見受けられる。人の姿かたちをしている者なら、愚者・未熟者（愚痴不肖）で身分の賤しい男女に至るまで、たとえ一飯《いっぱん》であれ、受けた恩に報いようと思わないことはないはずだ。なぜなら、親から受けた恩に報いたいと思うのは、「孝徳」という本心（本来あるべき正しい心＝生まれつきの本性）が備わっているからで、その本心の片鱗が多少なりとも現れたのである。本心に孝徳があるのに父母の恩に報いることを忘れるのは、人欲の闇に迷っているからだ。

これらは「九牛の一毛」（多数あるうちのごく一部）を述べたにすぎず、「父母の厚恩《こうおん》」についてよく実感した上で「一飯の恩」と比較してみると、それまで心を覆っていた人欲の暗雲が一気に晴れ、明徳の日の光が煌々《こうこう》と差してきて、父母から受けた厚恩に報いたいという、人としてあるべき本来の心である「孝念《こうねん》」（孝行したいという思い）が、ふつふつと湧いてくるはずである。そしてそれを親孝行の始まりと考え、『孝経』が説く聖人の教えを鑑とし、身を立て道を行う「大孝《たいこう》」をわがものとしなければならない。『詩経』（小雅《しょうが》・蓼《りく》莪《が》）にいう「※昊天罔極《こうてんぼうきょく》」（父母の恩は天空のように極まりない）という言葉が示す父母の厚恩を忘れ、心の闇が限りなく深い状態を「迷い」というのである。

その迷いの深さは、鳥獣にも劣る。鳥は「半哺《はんぽ》の報い」（幼鳥のときに親鳥から餌を与えられた恩を返すために、親に食べ物を与える行為）を行い、羊の子は「跪乳《きにゅう》」（跪《ひざまず》いて母乳を飲む行為）をしているのである。いやしくも人間の姿かたちをしてこの世に生を受けた身であれば、鳥獣のそういう生き方を見て恥ずかしいと思わないといけない。

※昊天罔極　『詩経』（小雅）に収載された「蓼莪」と題する胸を打つ詩（労役を課され、家を空けていた男が、孝行できずに死んだ父母を想って詠んだ詩）の一節に出て来る語。「父は私を生み、母は

私を養った。私を撫で私を養い、私を大きくし私を育て、私を心配し私を庇護し、家を出るときも家に帰るときも私を胸に抱いた。その恩徳に報いたいと願うのだが、その恩は限りなく大きく天空のようだ」（父や我を生み、母や我を鞠《やしな》ふ。我を拊《ふ》し、我を畜《やしな》ひ、我を長《ちょう》じ我を育し、我を顧み我を復《ふく》し、出入《しゅつにゅう》我を腹《いだ》く。之《これ》が徳に報いんと欲すれども、昊天極まり罔《な》し）。

「迷い」から始まる心の闇

【答（続き）】そこで、心の闇をさまよって孝徳の道が暗くなってしまっている様子のあらましを語ることで、われわれ人間の戒めとしたい。

迷っている人の常として挙げられるのは、富貴をこの世でこれ以上のものはないと信じ込み、そうなることを第一の願望とすることだ。その結果、自分に役立つ人だけを敬って、おべっかを使うようになり、その人から罵詈雑言《ばりぞうごん》を浴びせかけられても、じっと我慢して恥と感じなくなる。ところが、父母に対しては適当にあしらい、たったひとこと悪口をいわれただけで激怒し、罵《ののし》るのである。その姿は何とも浅ましげだ。かと思えば、父母の意見に耳を貸さずに妻妾《さいしょう》を寵愛《ちょうあい》したり、父母を見捨ててわが子だけを一途に養う者もいる。また、義を欠き、道に外れたやり方で財産分与が行われたりすると、親を仇敵であるかのように怨む。

富貴になる上でアテになる人を敬い大切に思うのは、わが身を飾るときに受けた恩があるからだ。妻妾を寵愛するのは、自分自身の欲望を成し遂げて楽しむためだ。子を愛するのは、わが身の分身だからである。わが身がなければ、富貴という外見を飾る下地はないし、妻妾と楽しい時間を一緒に過ごすこともできない。また、子に分け与えるべき身そのものもないのである。富貴も妻妾も子も、わが身あってこその楽しみなのだ。

この身を生んだ人は父母である。父母がこの身を生んでくれたからこそ、富貴という外面的な飾りで装うこともできたし、妻妾と楽しい時間を共有することもできるし、子を育てて老後の助けにもなるのだから、富貴をもたらしてくれた人に対する恩も、根っ子のところは父母の恩なのである。妻妾と楽しく過ごすのも、根本にあるのは父母の恩である。子から養ってもらうのも、根本は父母の恩である。このように、父母の恩は広大で他に類がなく、恩の大根本となっている。そういうわけで、父母を敬愛することを本とし、そこから押し広めて、それ以外の人をも愛敬して正しい道を進むことを「孝」というのだ。

その大きな根本となる大恩を忘れて父母を愛敬せずに、枝葉にすぎない小恩に報いようとして他人を愛敬することを「不孝」といい、これを『孝経』は「悖徳《※はいとく》」と呼んでいる。

※悖徳　『孝経』（聖治章）に「其の親を愛さずして他人を愛する者、之を悖徳と謂う。其の親を敬せずして他人を敬する者、之を悖礼と謂う」。

「真実の人」になれるか

【答（続き）】　悖徳に陥った者は、たとえ才能が人より優れていても、「真実の人」ではない。いつか必ず神の「天罰」が下るはずだ。

心に迷いがある凡夫は、親の慈愛が薄いのが原因で、義に背を向け、道に外れた財産分与をされて不幸な境遇をかこっている状況を当然だと考え、容認しているように思える。そうした迷いは、迷いの中でも一段と深い迷いである。

もっと詳しくいうと、礼義正しくて情けも深い者は、それまで面識がなく、たまたま道連れになっただけの相手にも、骨肉に対するような気持ちで接するので、相手もまた、そのように扱われた恩を返そうという気になるものなのだ。そのような場合、その子に向けられる親の慈愛は深く、子は子で、それにふさわしい財産分与を受けていることに対して親に孝行をしやすい境遇にあるだけのことで、とりたてて孝行というほどではない。

そうではなく、親から向けられる慈愛が薄く、財産分与などで道を外れた扱いを受けているのに、親に孝行をする者こそ、実に奇特《きとく》な孝子というべきである。古の聖帝舜《※しゅん》が行った孝行がまさにそれだが、そういう事例をよく実感しないといけない。

※舜が行った孝行　『孟子』（離婁《りろう》上篇）に「仁の精髄は親に仕えることだ」（仁の実は、親に事《つこ》うる是《これ》なり）とあり、さらに「舜は仁の心で父の瞽瞍《こそう》にとことん仕えた。そのことは世間を感化した。そうなって世間の父子のあるべき関係が定まった。これを大孝という」（舜、親に事うるの道を尽して瞽瞍豫《よろこび》を底《いた》す。瞽瞍豫を底して天下化す。豫を底して天下の父子たる者定まる。此れ之を大孝という）。また同書（萬章《ばんしょう》上篇）に「美女も富貴も憂いをなくす役には立たないから、父母に孝行して憂いを払うべきだ。大孝というのは、生涯にわたって父母を思うことである。五十歳になっても父母を喜ばせ続けた人は舜しかいない」（妃色《ひしょく》も富貴も以て憂を解くに足る者なく、ただ父母に順《よろこ》ばるることのみ、以て憂を解くべし。（中略）大孝は終身父母を慕う。五十にして慕う者は、予《われ》大舜に於いて之を見るのみ）。

天罰を信じるか

【答（続き）】　昊天罔極と形容される深い親の恩と、恩とは縁もゆかりもない行きずりの人を同一視するのは、あきれた迷いである。その手の迷いが深い人は、「天罰」を受けるに違いない。恐れ慎むべきことである。

孝行の条目は沢山あるが、突き詰めると二カ条に要約できる。第一は、父母の心が安楽になるようにすることであり、第二は父母をよく敬い、養うことである。父母の心が安楽になるようにするには、まずわが身を修め、心を正しく保って善人となり、それぞれの生業の役割を忠実に果たし、家計を節約していれば、父母は、わが子が禍いに遭って貧窮するのではないかと不安に思う心配もない。

さて、妻子、家臣、妾をよく教育し、家内の人は誰も彼もが物静かに話し、穏やかな気持ちで過ごしながら、父母を敬愛し、まかり間違っても父母の命令に背いたり、その命令を実行しないようなことはせず、兄弟や一族が仲睦まじくするようにしたら、その様子が父母の目に触れたり耳に入ったりするので父母は満足し、自然と安楽な気持ちになるものなのだ。

また、それぞれの力量に応じて十分に心を尽くし、苦労をものともせず、自分や妻子のことは後回しにして、父母のことを最優先する。家での食事には栄養のある料理を出し、身にまとう衣服は軽くて暖かいものを提供し、そうすることがとても楽しいという様子で接し、それを父母が喜んで受け入れてくれるように配慮するのである。それから、父母が病気になったときには、良医を探して治療を受けられるように手配し、看病の労を惜しまないようにする。そういったことが、父母をよく養うための概要である。

それから、もし父母が義に背くような言動に及ぶことがあったら、それとなく気づくように諫《いさ》めるとよい。それでも父母が気づかないときには、そうした言動の是非やそうすることでもたらされる利害について説明して諫めることだ。父母がそうされることを歓迎せず、怒った場合は、孝や敬の心を尽くし、父母の怒りに逆らわないようにすべきである。そうやって幾度となく諫め、あるいは、親と相性が合う友人に頼んで諫めるとよい。親が正しい道に入るように導いて、徳が明らかになるようにするのが、孝の第一だからだ。

姑息の愛・舐犢の愛・合莫の孝

【答（続き）】 父母の寿命には限りがあり、永遠の別れという悲しいときを迎えたら、哀悼の誠を尽くし、礼法に則った葬儀を行い、喪に服して哀悼の意を表し、宗廟や祠堂を建立して死者の魂を慰霊し、四季の節句や命日の法要といった祭礼には敬いの誠を込め、生きている者の心を死者の神霊に合致させる「合莫《ごうまく》の孝」（『礼記』霊運篇）を極め尽くす。それが、子として親に行うべき孝というものである。

親が子を慈愛するなら、学問の道や芸を教えて子の才徳を伸ばして開花させるのが根本である。当座の苦労をいたわり、子の願いは何でも聞き入れて育てるやり方を「姑息《こそく》の愛」といい、親牛が子牛を舐めて育てる「舐犢《しとく》の愛」に喩えられている。

姑息の愛は、ちょっと見には慈愛に似ているが、そうやって育てられた子は、わがままになり、才覚もなく、人徳もなく、鳥獣に近いような人間になるので、つまるところ、子を憎んで、悪い道へと引き入れたのと同じである。しかも、わが身は親から授かったのだから、いわば親の身である。親から授かったわが身を分けて子の身としたのだから、子の身も根本的には親の身ということになる。子をむざむざと育てて悪い道へと引き入れるのは、親の身を悪い道に陥れるのと異ならないのだから、子にきちんと教えないのは、大不孝の第一とされる。

改めていうまでもないが、家を発展させるのは子孫である。子孫に正しい道を教えてもいないのに、子孫の繁昌を求めるのは、足がなくてもどこかへ行きたいと願うのと同じだ。子孫に生まれつき備わっている才能はさまざまなので、教え方については一概に論じがたいところもあるが、まずは正しい道を教え、本心の孝徳を明らかにするのが教えの根本である。

才芸が人より優れ、それ以上は望めないというくらいの幸せな境遇を手に入れ、人としての栄誉に浴したとしても、心がねじ曲がって本心の孝徳がない者は、天神《てんじん》・地祇《ちぎ》・鬼神《きしん》（「きじん」とも。先祖の霊魂）が嫌い捨て去るから、一時的には栄華を誇ったとしても、一代か二代のうちに子孫が必ず絶滅するはずだ。絶滅を免れたとしても、生きている値打ちすらない人柄であるから、先祖から受け継いできた本性が、この人の代になって続かなくなるのであれば、子がいないのと同じことだ。迷っている人は、眼の前の一次的な富貴や栄誉だけを無上のものであると考えており、始まりも終わりもない「至徳の霊宝」が存在することを夢にも知らないから、当座が幸福ならそれ以外は何もいらないと思い、物事の本末・是非を混乱してしまい、無上の楽しみがほかにあることに気づかない。まったくもって浅はかというしかない。

ところで、子孫に教えるには幼少時代が根本である。昔は、胎教といって、胎内にいる間も母徳による教化を行っていた。その点、今時の人は、何が「教化の至理」（至上の道理）かを知らず、幼いうちは教化は必要ないと思い違えている。本当の教化方法を知らずに口先で話して教えることだけが教化だと錯覚したことが招いた迷いである。

「徳教」こそ真の教え

【答（続き）】 真実の教化の根本は「徳教《とくきょう》」にある。口で教えるのではなく、身を立て正しい道を行うことで人は自然と変わることが徳教である。例えば、水が物を潤し、火が物を乾かすように、人の生まれつきの性質は国土の位置や自然環境の違いによって少しずつ変化するとはいえ、言葉づかいは、元来、使っている言語自体は京都も田舎も違いはないから、関東で生まれても赤ん坊のころから京で育てられると京言葉を使うようになり、京で生まれても関東で育てられると関東言葉を使うようになるのと同じように、幼い者の気だてや身持ちも、父母や乳母などの気だてや身持ちを見たり聞いたりしたことにあやかろうとするので、父母や乳母の徳教が子孫に教える根本となる。

だからこそ、乳母の人柄を厳選するし、父母は身を修め心を正しくして全孝の道を語り、それを実践することで、教えの根本を培養しないといけないのである。

八、九歳になったら、生まれつき聡明な子には『孝経』を読ませ、ときどきは大意を説明して聞かせて道徳を理解する基とし、六芸《りくげい》（礼・楽・射・御《ぎょ》・書・数。御は馬術）のうちで必要と思える順に少しずつ習わせるようにし、才徳兼備となる教えを主としなければならない。生まれつき愚鈍で才徳兼備の実現が難しい子には、『孝経』に書かれた義理について、いつも語って聞かせることで、「孝徳の本心」を失わないように、善人になるようにと繰り返し教えることだ。少年が十五歳になってからは、先生と友の選び方が教えの主眼となる。

それから、生業に関しては、世の中の役に立つ各人の才能に従い、それぞれの運命を考えて、最もふさわしいと思える生活本来の筋道や士農工商の身分を配慮して定めるべきである。以上が、子に教えるあらましだ。

主君・臣下は「仁と礼」

【答（続き）】 親子の関係では、親の「慈」も子の「孝」も天命本来のあるべき姿であり、自然に生じる親しみであるところから、五教の最初に「父子親あり」と聖人が説いたのである。一方、主君と臣下の関係では、主君は「仁」と「礼」をもって臣下を使いこなす道とする。仁は、義理を感じて人を愛する徳である。

「礼」は、それぞれの位に伴う道理に従って人を敬い、決して人を侮らない徳である。一口に臣下といっても、貴賤の違い、位の高低などさまざまで、そういう者を使いこなす道理は数限りないが、突き詰めると、「仁」「礼」の二つの徳以外にはない。『書経』（泰誓《たいせい》上篇）に「惟《こ》れ天地万物の父母、惟れ万物の霊」とあるのは、「万民はすべて天地の子なのだから、自分も他人も人の姿かたちをした者はすべて兄弟」という意味だ。よって、「聖人は、世界は一家、中国は一人と考えた」（聖人耐《よ》く天下を以て一家と為し、中国を以て一人と為す者は、之を意《はか》るに非《あら》ざるなり）と『礼記』（礼運篇）は説くのである。

自分と他人との間に仕切りを設けて他人を厳しく疎んじたり侮ったりするのは、迷った者のすることである。生まれつき与えられた処遇の厚い薄い、身分の高い低いという違いによって、主君になったり臣下になったりするが、元来、骨肉同朋という理があるので、たとえ自分が知行を与える立場にいなくても、憎んだり侮ったりすべきではない。まして自分が知行を与えていない相手に対しては、心底から情け深く、礼儀正しく接し、決して侮ったり軽んじたりしてはならないことは、いうまでもなかろう。

大臣は家の押さえとなる重臣であり、主君の腹心であるから、高い位につけて高い禄を与え、政務の多くを任せて処理させ、礼儀正しく敬い、情け深く接しないといけない。ただし、刑罰・功賞に関わる権限は、まかり間違っても、付与してはいけない。

大臣より位が低い諸士は、それぞれの身分相応かどうかをよく吟味し、心底から情け深く対し、侮ったり軽んじたりしないで、それぞれの器量をよく判別して使い分け、忠節な働きをしたときには、その度合いの大小軽重に応じて、ある者には褒美を与え、位を上げ、またある者には知行高を加増して他の者への手本とする。士は〝国の小柱〟とか〝主君の爪牙《そうが》〟といった存在であるから、その心を忘れてはならないことはいうまでもない。

農工商は国の宝であるから、より一層の憐れみをもって育成し、彼らが仕事に打ち込んで収入を増やし、余った物を蓄え、平和に暮らせる日々を楽しめるように政治を行うことが、主君として仁礼を行う際の概要である。

二心を抱かない「忠」

【答（続き）】 臣下は、忠を尽くして主君に仕えるのを道とする。忠とは、二心を抱くことなく、主君一筋に仕え、主君の役に立つことだけをいつも考えて自分に与えられた職分によく励み、身を捨てて奉公する徳のことだ。主君に奉仕する内容は、それぞれの位によって大小の違いはあるが、忠を貫く心法に変わりはない。主君の恩は親の恩に等しく、重くて厚い恩である。だからこそ親に仕えるように心を尽くして仕えるのだ。親に対する恩は、わが身を生み育ててもらった恩だ。主君に対する恩は、わが身を養ってもらう恩だ。主君がいなければ、この身を養ってくれる人はいない。親も主君も、わが身を保っていられることへの恩なので、親にも主君にも命を捨てて奉公するという道理が成り立つのだ。

大臣の忠節は、担っている任務が大きいことから「大忠」といい、小臣の忠節は、担っている任務が小さいから「小忠」というのである。たとえ主君が嫌う物事であっても、主君のため、国のため、家中のためによいことなら、主君を上手に諫めて主君が実行できる方へと導き、たとえ主君が好きで気に入っている物事でも、それが悪いことなら必ずやめるようにうまく諫め、そうすることが主君の気だてや身の持ちように適うだけでなく道にも適い、国が富み豊かになって末永く栄えるようにと一心に念じながら、自分自身がどうなろうと少しも顧みない。その様子は、夏《か》王朝の龍逢《りゅうほう》が主君桀《けつ》王を諫め、また殷《いん》王朝の比干《ひかん》が主君紂《ちゅう》王を諫めて、ともに王の怒りを買って殺されたが、そのときのように、忠節心を守り、わが身を捨てて主君に尽くすことを第一とするのを「大忠」というのである。大忠は、家老、身分の高い家臣の忠節である。これに対し、是非・善悪を問わず、わが身を捨てて、それぞれの位に応じた身分に励むのを「小忠」といっている。小忠は、身分の低い臣下の忠節である。

「忠」にも大小がある

【答（続き）】　忠を「軍忠」という観点から論じると、大将の場合は、二心なく、身を捨てて礼儀正しく情け深く振る舞い、英雄の心にあやかって軍兵を馴れ従わせ、陣営で謀《はかりごと》をめぐらせ、出陣した千里も先の戦場で敵と戦って百戦百勝の功を立てること。それを「大忠」といい、「戦軍大将の忠節」である。

それに対し、普通の兵の場合は、二心を抱かず、身を捨てて出陣し、戦場では先駆けをし、槍を突いて敵の首を取る。これを「小忠」といい、「雑兵の忠節」である。

一方、庶民は「刺草《しゃくそう》の臣」（草莽《そうもう》の臣ともいい、草を刈る賤しい臣という意味）という。それぞれの国に住み、生業に励むことで日々の生活が成り立っているのは主君の恩徳のおかげであるから、主君から扶持をもらっていない者でも「臣下」というのだ。その国の命令や法令（法度《はっと》）をよく守り、自分の職業をよくこなし、年貢《ねんぐ》や公役《くやく》（兵役・賦役《ふえき》）を怠らず、一途な心で領主を畏敬するのが「庶民の忠節」である。

主君は「仁礼の徳」に徹しながら臣下を使い、臣下は「忠敬の道」を守りながら主君に仕える。そうやって君臣が親密に意思の疎通をはかる道理は、天命本来の姿であり、主君と臣下の間には「義」が自然と介在するようになることから、「五教（人が守るべき五つの教え）の第二に「君臣義あり」と説いているのだ。

不易の天則

【答（続き）】 夫は「和」と「義」によって妻を教導する道とする。和は、親しみ仲睦まじくする徳である。義は、道理に従って判断し、非道とわかれば捨て去るようにする徳である。たいていの夫婦は、愛欲という私情に溺れてしまって、義理への配慮をないがしろにしたり、親子兄弟間の骨肉の親しみが隔てられて怨みを抱いたり、家をめちゃくちゃにしたり、国を失ったりする。そういう者は、古来、枚挙にいとまがない。また、夫婦の交わりも正しい道から逸脱し、作法が見苦しくなるところもある。これらは皆、人心の迷いなのである。

大体、妻は亡父を継ぐ者であり、家の祭祀では夫を助け、子孫が続いていく上で重要な役割を担っており、人倫が生まれ、始まる大本でもあるのだから、夫婦が仲睦まじくするのは当然のことである。しかしながら、義理に対する判断力が伴わないと、愛欲という私情に溺れて、家の道が乱れてしまい、別道（夫婦別あり）の常にあるべき姿を見失うことになるので、「和」「義」の二つを合わせて、夫が妻を誘導する道としなければならない。

妻は、「順」「正」の二つの徳を心がけて夫に仕える道とする。「順」とは、気だてが従順というだけでなく、しゃべり方、顔つき、立ち居振る舞いといった面に至るまで、穏やかに従う徳である。「正」とは、義理に則った作法を正しく守る徳である。妻は夫を天と思って頼りにし、夫の家を自分の家とし、夫婦は一体という理に従って、実家の両親を父母と考えないで、夫の両親を自分の父母としないといけない。これは、古の聖人が定めたことであり、「不易《ふえき》の天則《てんそく》」（不変の天の法則）である。

したがって、妻はまず舅姑に孝行することを順正の第一とする。また、「貞烈（貞節）の徳」を守り、女としてやるべき仕事に精を出し、いつも正しい作法を心がけて、天の命令・指示に従い、家内をきちんとし、子孫を育て、親戚一族とは仲良くし、使用人には恩を施す。以上が「婦徳」についての概要である。

夫は「陽徳」（人目に触れる善行）を行って家の外のことを取り仕切り、和義の徳を明らかにして妻を教導し、妻は「陰徳」（人に知られないところでひそかにする善行）を積んで家の中をうまく治め、「順徳」※を明らかにして夫に従い、男女・陰陽・内外の区別がそのように正しいなら、父子・兄弟・子孫・家臣・妾は皆、仲良くなり、穏やかな雰囲気に包まれることになるので、夫婦の道は「別」を根本とするのである。この道理は天命本来のありようを教示していることから、「五教」の第三に「夫婦別あり」と説いている。

※順徳　『孟子』（滕文公下篇《とうぶんこうげへん》）に「順を以て正しと為すは、妾婦《おんな》の道なり」（従順であることを正し

い徳とするのが、婦女子の生き方である）。

兄の「恵」と弟の「悌」

【答（続き）】兄弟については、弟は「悌」をもって兄に仕える道とする。悌とは「敬い従う徳」のことである。たとえ他人でも、年長者や高位の人に仕えるときは同じである。他人でも、老いた人を敬うのは、いわずもがなの道理である。まして同じ親の血肉を分けて自分より先に生まれた兄を敬って従わなければならないということも自明の理だ。それに対し、兄は「恵」をもって弟を率いる道とする。恵は、「友」「愛」の二つの意味を兼ね備えている。愛とは、親が子を愛するように、ねんごろに親しむことをいい、友は、友だちが互いに切磋琢磨するように、道を教え合い、間違ったことは戒め合い、至徳（最高の徳）を明らかにするように善行を勧めることをいう。

　友だちではない他人で、年が若く、身分も低い者との付き合いにおいても同じ理である。他人であっても、幼い者には「恵」を施し、賤しい身分の者にも、情け深く接しなければならないということも、当然の道理である。まして弟は、親の血肉を分けた「分形連気《※ぶんけいれんき》の人」（姿かたちは異なっているが、気持ちがつながっている間柄）であるから、「友愛の恵」を施さなければならないのは当然という意味である。

この道理は明々白々で、実行しづらいことではないのだが、世間で迷っている人を見ると、兄弟間の関係は多分に他人との関係よりも疎遠であるように思える。ささいな欲得が絡んだ争いなのに、まるで仇敵であるかのような対立的感情を生むこともある。分形連気の理を知らず、自分で自分の身を損なうそのありさまは、まさに愚の骨頂とでもいうべき浅ましい所業である。

また、それと同様に、同じ親の血肉を分けて生まれた子ではあるが、生まれた順番が先か後かで、先に生まれた兄は尊く、後から生まれた弟は卑しいとみなす考え方がある。「恵悌《けいてい》（兄弟）の道」では、序列を根本として行う理が天の定めた次第（順番）であり、自然と生まれた道なので、「五教」の第四に「長幼序あり」と説かれているのである。

※分形連気の人　顔之推《がんしすい》（南北朝時代の学者）編纂の『顔氏家訓《がんしかくん》』に「兄弟は分形連気の人なり」。

朋友と結ぶ「信」

【答（続き）】　朋友は、互いに「信」をもって相交わる道とする。信とは、嘘いつわりをいわず、義理に適った徳のことである。友だちとの付き合いでは、「心友《しんゆう》」「面友《めんゆう》」の区別、「情義」の親疎《しんそ》（人情と義理の点で親しいか疎遠か）の程度など、さまざまな要素があるが、せんじつめると信の道を根本としている。

志を同じくして親しく付き合う友を「心友」という。一方、互いの志は違っていても、何かの理由で、たとえば同郷であるとか隣家だとか、あるいは同じ官職であるとかで、しばしば付き合ううちに親しくなった友を「面友」というのである。面識があるというだけの人も面友に含まれる。心友・面友ともに、情義の親疎は全員が同じではないので、付き合いの程度に応じた義理を欠かないように威儀を正して恭しく接し、挨拶は穏やかに礼儀正しく行い、嘘いつわりをいわず、約束事を少しも違えるような真似は無論しない。以上が、信の道についての概要である。

世間では、いったん真実と思い込むと、その是非・善悪をきちんと判断することなく「信」であるとみなしてしまう。だがそれは、大きな心得違いである。真実とまでは思わなくても、それが義理に適っているなら「信」といってよいのだ。真実と思い込んだことでも、道に背いていたら、それは「人欲の偽り」と呼ぶ類いである。

世間の人の交際ぶりを見ると、信の道に適っているケースは稀だ。信の道に適ってさえいれば、互いの命に関わるような重大な局面でも有用だ。まして「通財の義」※（金銭を融通し合うほどの間柄）ということになれば、互いの蓄財の面でもプラスに働くことはいうまでもない。そういう関係だから、友人の仇を討つという理屈も成り立つのである。

さて、心友の交わりでは、善いことをするように互いに勧め合って、「至徳の霊宝」を磨いて明らかにすることが肝要である。朋友たるもの、姿かたちの上では他人だが、自分も相手も「真実無妄《むもう》」※（嘘いつわりがない存在）である天道を大父母として生まれてきたのだから、天の道として見れば同朋の理が成り立つ。だから、真実無妄の「信の道」から外れないようにして骨肉同胞の情を尽くし、これ即ち、そこには天命本来の姿としての自然な道理があるので、「五教」の最後となる第五に「朋友信あり」と説いたのである。

※**通財の義**　『漢書』の編纂で知られる班固《はんこ》（後漢の歴史家・文学者）の『白虎通徳論《びゃっこ》』に「朋友之際、五常之道、有通財之義、賑窮《しんきゅう》救急之意」（朋友との交際は、五常の道に則り、財布を一つにするような仲なので、どちらかが困窮したら金銭を恵み合う）とある。

※**真実無妄**　朱子は『中庸章句』（『中庸』の注釈書）で、「誠は真実無妄想で、天本来の姿だ」といっている。「誠は真実無妄の謂い、天然の本然なり」（誠者、真実無妄之謂、天理之本然）。

物事の「順番」の意味

【問】聖人が五教を論じた順番にも意味があるのでしょうか。

【答】無論、深い意味がある。「父子の親《しん》」は、天地が万物を生み育てる根源として位置づけられる、天の秩序の大本である。「君臣の義」は、すべての原則の根本となる大義という意味の「立極《りっきょく》の大義」のことをいい、明倫※（人としての倫理を明らかにすること）の主要な本となる。「夫婦の別」は、人が踏むべき道を生成するという意味の「人倫化生《けしょう》」の本であり、子孫相続の始まりである。父子の親、君臣の義、夫婦の別の三つは「五倫」の中の綱要なので「三綱《さんこう》」と名づけたのである。そういう理由で、「三綱」を最初に論じているのだ。

その三綱のうち、父子の道は天性（天から授かったもの）であり、その中に「君臣の義」も包含している。五倫の道はどれも孝の徳目であり、人の道の第一義なので、イの一番に「父子親あり」と教えたのだ。主君の恩は親の恩に等しいから、子が親に仕える孝の概念を継承発展させて「主君に仕える忠節」とした。加えて、明倫の重要な大本でもあることから、二番目に「君臣義あり」とした。夫婦の別も重要だが、主君や父と比べると低いので、三番目に「夫婦の別あり」と教えたのだ。兄弟は天倫（自然に定まった親しい序列関係）

で、※骨肉同胞という血縁愛は重いので、四番目に「長幼序あり」としている。朋友は親は異なっても気の合う兄弟のような関係だが、生まれたときから血がつながっている兄弟の関係と比べると軽いので、五番目に「朋友信あり」としたのである。

　そうやって父子の親を最初に置き、朋友の信を最後に配した意味は何か。それは、孝が天地人の三極の要であり、百行（あらゆる行い）の源であって、父は義、母は慈、兄は友、弟は悌、子は孝という「五典」はどれも孝行ということを示すために父子の親を最初に教え、孝徳を明らかにするには「なぜ善いことをしないのか」と責める※朋友の助けが必要ということを示すために朋友の信を最後に教えたのである。曾子が「友人が仁を行う助けとなる」（※友を以て仁を輔《たす》く）といったのも、そういう意味なのだ。

　せんじつめると、五教はどれも孝行の教えということ。それを凡夫にもよくわかるように「五典」や「十義」に分けて示しているのだ。『孝経』の冒頭に記された天地人の三才を貫く法則《キーワード》「至徳要道」をよく理解して、わがものにする必要がある。

※明倫　『孟子』（滕文公《とうぶんこう》上篇）に「学は則ち三代これを共にす。皆、人倫を明らかにする所以なり」（学問は、夏・殷・周と時代が三つ代っても共通である。どの時代にも、君臣、父子、夫婦、兄弟、朋友間の人倫五常を明らかにするからだ）。

※骨肉同胞　骨肉は、血のつながった親子や兄弟。同胞は、同じ父母から生まれた兄弟。

※朋友の助け　「善を責むるは朋友の道なり」（『孟子』離婁上篇）。

※友を以て仁を輔く　『孟子』（顔淵篇）に「曾子曰く、君子は文を以て会し、友を以て仁を輔く」（曾子がいうには、君子は学問を通じて切磋琢磨し、友人が仁を行う助けとなる）。

至誠無息

【問】　この世は仮の住処《すみか》で、五倫の交わりは夢か幻のようにはかないもの。となれば、どんなに五典に励んだところで、それは夢の中の出来事にすぎないのだから、とりたてて「至徳要道」というほどのことではなく、五典とは別の向上への道があるのではないかと思うのですが、どうでしょう。

【答】　それは「※狂者《きょうしゃ》」（志は大きいが、実行を伴わない仏教徒を指す）の議論ばかり聞いて陥った疑念である。道を人体に喩えていうと、狂者は皮膚ばかり見て骨髄のことをよく理解していないから、生死・幽明（あの世とこの世）・有無を区分する教えを立てた。その破綻した見解を聖人は「異端」と名づけ、「似て非なるもの」という意味である。ただし、凡夫の見方に比べると相当レベルは高いが、聖人の道から見ると底が浅いということだ。妄念が浮かんだり消えたりすることを「夢の如し」「幻の如し」などというのはもっともだ。けれど、『中庸』が説く「※至誠無息《しせいむそく》」(至誠息《や》むこと無《な》し)の孝徳」(最高の誠意を生涯続ける孝徳という最高の真心を人に示すべく、怠ったり休んだりすることなく自分自身を磨き続けること)を妄念と同じように「夢の如し」「幻の如し」というのは、底の浅い誤解であり、畏れ多いことである。

そもそも孝徳は、※中和《ちゅうか》(中庸。不偏)を体段(姿かたち)とし、愛敬を本実《ほんじつ》(実体)としている。孝徳は、人の心の中に備わっているだけでなく、太虚を満たし、天地四方を包み込んでいる。時代を遡るとまだ何も存在しなかった大古にも達し、時代を下ると果てなく続く未来へと広がってゆき、そこには生死・幽明・有無の区別がなく、上も下もなく、内も外もない。そういう神秘的な道なので、至徳要道と名づけられたのだ。

そうであるから「五倫の道は向上の道、向上の道は五倫の道」と定めたのであって、孝徳とは「自分が置かれた境遇の中で最善を尽くし、それ以外のことは求めず」(君子は其《そ》の位《くらい》に素して行う、其の外《ほか》を願わず)と『中庸』が説明し、『論語』(憲問篇)が「身近にある簡単なことから学んでいって、やがて深い道理に通じる」(下学して上達す)と説く一貫した心法(心の規範)であり、他に類例を見ない絶妙な道理(不貳《ふじ》の妙理《みょうり》)といえるのである。

今の時代に必要とされる「五典」以外の何かに「向上の道」を求めようとするのは、喩えていうなら、天の恵みである太陽や月の光に逆らって灯火を用いようとする愚挙と同じで、そんなことをしても聖人の道が世の中に広くゆきわたらないから、異教に慣れ親しんで感化されてしまい、そうしたおぞましい疑念に取りつかれていることになるのだ。そんなときは儒教の門を叩いて迷いを解くこと。それが人としてやるべき第一の急務である。

※狂者　『論語』（子路篇）に「子曰く、中行《ちゅうこう》を得て之《これ》と与《とも》にせずんば、必ずや狂狷《きょうけん》か。狂者は進みて取り、狷者《けんしゃ》は為《な》さらざるところあり」（中道の道を守る者を仲間にして道を行いたいが、そういう者が得られないなら、せめてその次の狂者か狷者を得て道を行いたい。狂者は進取の精神に富み、狷者は守りに強い）。狂は「志は極めて高いが、実行が伴わないこと」、狷は「智は劣るものの、清廉潔癖で不善を行わないこと」をいう。

※至誠無息　「至誠息むこと無し」と訓読。至誠は最高の誠意・真心、無息は休まないこと。全体では「至誠という最高の真心を怠ったり休んだりすることなく、生涯にわたって自分自身を磨き続ける生き方」をいう。

※中和　「ちゅうか」または「ちゅうわ」と読む。中は道の本体、和は道の作用という関係。『中庸』の冒頭に「喜怒哀楽の未だ発せざる之《これ》を中《ちゅう》と謂い、発して皆節《せつ》に中《あた》る之を和と謂う。中なる者は天下の大本《たいほん》なり。和なる者は天下の達道《たつどう》なり。中和を致せば、天地位《くらい》し、万物育《いく》す」（喜

怒哀楽の感情がまだ現れる以前の、生まれながらの性質のままの状態を「中」といい、感情が現れても、自然の道と人としての言動が和合一致して節度を保っている状態を「和」という。中は、世の中の根幹。和は、いつの世にも行われなければならない人の道。中和が広くゆきわたれば、天と地の働きがよく感応して和合一致し、万物は育成する）とある。

徳を知るだけなら「人面獣心」

【問】学問をしている世間の人を見るにつけ、学問の成果というほどの益はなく、気質がかえって悪くなり、異質なものへと堕《お》ちてしまう者がいるように思えます。いっそのこと学問などしない方がましではないかと思っているのですが、いかがでしょうか。

【答】人の資質（生まれつきの性質や才能）は千差万別だが、大別すると五種類に集約できる。聖人・賢人・知者・愚者・不肖者の五種類だ。このうち聖人は、「生知安行《せいちあんこう》」（生まれながら知り、安《やす》んじて行う）といって、学問をしなくても徳を知り、道を行うことができる。だが、聖人より下の者は、徳を知って道を行うことができない。人としてこの世に生まれても、徳を知り、正しい道に励まないと、「人面獣心《じんめんじゅうしん》」といって見た目は人間でも心は野獣と同じこと。「至誠無息の神理（天理）」を失い、巷《ちまた》でいわれている「人間の皮をかぶった犬畜生」という諺のような何ともおぞましい姿になりはててしまう。だから、学問は人間第一の急務であり、どうしてもやらなければならないことなのだが、正真の学問に精通して教えられる人は稀という事情があるから学ぶ人も当然少ないのである。

「本物の学問」と「贋物の学問」

【答（続き）】　世間がもてはやす学問の多くは贋物《にせもの》である。贋の学問をいくらやっても、有益でないどころか、かえって気質が悪くなり、異端へと走ってしまう。そのことをわかっていない者が学問に正真と贋があることを不審がるのも無理からぬことである。

【問】　これまで学問は皆、同じだと思っておりました。ところが先生は、正真の学問と贋の学問の二種類があるといわれる。両者にはどのような違いがあるのですか。

【答】　正真の学問とは、古の聖王伏羲《ふくぎ》（八卦《はっけ》の創始者）が最初に教えたとされる儒道である。昔は教えることも学ぶことも正真以外には存在しなかったのだが、時代が下ると、いつの間にか中国《もろこし》でもその周辺の夷狄《いてき》（異民族）の国々でも贋の学問がたくさん生まれ、やがて贋がちになって正真は衰微してしまったのだ。中国では一時、贋の学問ばかりがもてはやされたことで正真の学問が姿を消した時期さえあったのだ。正真の学問を学んでさえ学びそこなうことがあるのに、贋の学問を学んでいては、心の持ちようも作法も悪くなっていくのは当然のことだ。

【問】 贋の学問というのは、刀とか脇差などに贋物が存在するように、本物の「銘」をちゃっかり拝借し、模様などを似せて人を騙すやり方ではありませんか。

【答】 そのような薄汚れた心は許されない。根本的には、誰でも正真を信頼して正真から学ぼうとし、本物の銘を拝借したり模様を真似て利益をむさぼろうとする邪心は露ほどもないはずである。しかし、生まれつきのもの、生まれてから習い覚えたこと、志などには人それぞれに違いがあり、心ならずも慣れて得意な方へ向かってしまう場合がある。

そういうときは、自分が学んで修得したものが正真の学問であると心底から思い込んでいるのだろうが、正真の学問を実際に学んだ者の目から見ると、似て非なる学問であるから「贋」というのである。せっかく正真の学問を学んでも、その志に多少なりとも心得違いがあると、われ知らず脇道にそれて贋の学問をしていることがあるので、贋の学問を少し学んだだけであっても、長い間には千里万里という大変な開きが生じるということを推察しないといけない。

どこが〝贋〟なのか

【問】贋の学問とは、具体的にはどんなものを指すのでしょうか。

【答】まず、教えと学びの本来の意味をよく理解し、正真と贋の違いをはっきりとさせなければならない。教えることも学ぶことも天道を根本の標的とするので、中国であろうが、夷狄とされる国であろうが、世界中の教え学ぶ道が天道の神理に適っていることを「正真の教え」「正真の学問」とし、儒教と名づけ、その儒教を学問することを儒学というのだ。天道の神理に背くのは贋の学問である。中でも正真の学問によく似た贋の学問は、俗儒、墨家《ぼくか》（博愛主義を説いた墨子を祖とする学派）、楊氏《よう》（個人主義を説いた楊主《ようしゅ》）、老氏（無為《むい》自然を説いた老子）、仏氏（仏教）などだ。

俗儒は、儒道の書物を読み、訓詁《くんこ》（字句の解釈）を覚え、記誦詞章《きしょうししょう》（詩文の暗誦、朗読）を主に行い、耳で聞き、口で説明する学問に終始していて、徳を知り、道を行うことはしない。墨家は、至公《しこう》（公平平等）・博愛の仁を主とし、※本末・先後の区別を無視したために儒道を学びそこない、学問の順序が入り乱れた。楊氏は、『論語』（憲問篇）の説く「己《おのれ》の為に独《ひと》りを慎しむ」（※為己慎独《いきしんどく》）ということだけを考え、他人を顧みようとしなかったために、儒道を学びそこない、自他をともに貫く真の道を見失った。老氏や仏氏は、特定の方向も本体の形もなく、霊妙で不可思議な陰陽二気による易道※の表面的なところだけを見て、中和の奥深いところにある精髄を見失ったのである。

それらのうち日本へ伝わったのは、俗儒と仏氏の二種類だ。この二つのうち、世俗の学問としてもっぱら行われているのが俗儒による記誦詞章である。俗儒の学問は、案外、正真の学問に近いように思えるところがあるが、志の立て方や学問のしかた次第では千里万里もの間違いに発展してしまうので、慎重に選ばないといけない。

※本末・先後の区別　『大学』に「物に本末あり。事に終始あり。先後する所を知らば、則ち道に近し」

※為己慎独　『論語』（憲問篇）に「古の学は己の為にし、今の学者は人の為にす」。『大学』に「君子は必ず其の独りを慎む」、『中庸』に「君子は其の独りを慎む」とある。西郷隆盛の遺訓は「至誠の域は、先ず慎独より手を下すべし。閑居は即ち慎独の場所なり」と述べている。

※易道　『漢書』（芸文志）に「易道は深し、人は三聖（伏羲・文王《ぶんのう》・孔子）を更《へ》、世は三古（上古・中古・下古）を歴《へ》たり」。易は、伏羲が「八卦」を考案、文王が「象辞」（卦辞）で説明、周公が「爻《こう》辞」でさらに説明、孔子が「十翼《よく》」と呼ぶ十篇の注釈を加えたといわれる。

記誦詞章の学問

【問】記誦詞章の学問とは、どのような学問をいうのですか。

【答】「四書五経」（四書は『大学』『中庸』『論語』『孟子』、五経は『易経』『詩経』『書経』『礼記』『春秋』）をはじめ、諸子百家の書を残さず読んで暗誦し、文章を書き、詩を創るなど耳学問に励み、名利や俸禄を求めることにのみ気を配り、驕り高ぶって他人を見下したり、身勝手なことをしたりするのを、俗儒の記誦詞章の学問という。

【問】では、正真の学問とは、どのような学問をいうのですか。

【答】まず志の根本に明徳を明らかにすることを据える。そして、四書五経に記された人としての心を師とし、物事に対応する日常生活の出来事を砥石に見立てて、明徳という名の宝珠を磨くことだ。そして五等の孝行、五倫の道の至善に励んで、大和保合《だいわほうごう》（調和を保つ）して大成長を遂げることができ、しかも運に恵まれて時流にうまく合って起用されたなら、そのときは世の中が正しい状態になるように政治を行って伊尹《いいん》（殷の創始者湯《とう》王の名臣）や太公望《たいこうぼう》（周の創始者武王の名臣。呂尚《ろしょう》の別名。渭水《いすい》で釣りをしていて周の文王にスカウトされた）が本性を尽くし天命を窮めたように、さまざまな事業を展開する。だが、もし運が味方せず、時代に合わずに困窮したら、そのときは身を独り慎み、本性を尽くし天命に従って孔孟の教えを実践する。そのような学び方を正真の学問というのである。

「正真の学問」を目指せ

【問】俗儒の読む書物は四書五経で、真儒《しんじゅ》の読む書物も四書五経ということなら、学問の成果にさほど差はないように思えます。読む書物が同じで、俗儒の学問で得るものがないなら、真儒の学問でも得るものがないように思えるのですが……。

【答】神理※（天理）の精緻で微妙な域まで究めないと、「心」（心中の動き）と「事跡」（心中の動きの結果として言動に現れた出来事）との違いは理解しがたいから、そのような疑問を感じるのはもっともである。四書五経には「心」「事跡」「訓詁」（語句の解釈）の三種類が記されている。聖賢が口で説いた辞《ことば》と、聖賢がその身体を動かして実際に行ったことの二つを「事跡」といい、聖賢が口で述べ、その身で実際に行う至善（最上の善）を「心」というのである。

心には方向も形も声も臭いもなく（無方・無体・無声・無臭）※、文字として書き表すことができないから、心の動きの結果として事跡だけを書き記すことで、心の動きはその中に備わり含まれているとして後世への教えとしたのである。その事跡に備わっている心を、

「四書五経の心」といい、事跡を書き記した四書五経の道理に通じる語句の解釈を訓詁というのである。その訓詁を学び、その事跡をよく理解し、その心を模範として自分自身を欺くことなく心を正しく保ち続けるなら、やがて聖賢の心はわが心となり、わが心は聖賢の心と少しも変わらないようになる。聖賢と同じ心であるなら、その言行は『中庸』のいう「聖賢は時に中《ちゅう》す」（聖賢は時機に適った中庸な言行をする）ので、道に背くことがない。そういう学び方に徹することを「正真の学問」というのである。

※神理　大伴家持は「天地《あめつち》の神理《かみしことわり》なくばこそ我が思ふ君に逢わず死にせめ」（『万葉集』）と詠《よ》み、中江兆民は「原理学《メタフィジック》は神理《テオジセー》の精神の本根、世界全体の本根を窮究《きゅうきゅう》することを主とす」といっている。

※無方・無体・無声・無臭　『詩経』（大雅《たいが》）の詩（文王）に「上天《じょうてん》の載《こと》は、声も無く、臭も無し」（天は声も出さないし、臭いも発しない）。『中庸』は、「天の命之《これ》を性と謂ひ、性に率《したが》ふ之を道と謂ひ、道を修むる之を教えと謂ふ」で始まり、『詩経』から引用した「上天の載は、声無く臭いも無し。至れり」で終わっている。

※真儒・俗儒　真儒（真の儒者）とは「明徳を立派に発揮し、名実ともに儒教の道を究めた儒者」をいい、俗儒（俗物的な儒者）とは「見識の低い儒者」をいう。

口耳四寸の学

【答（続き）】四書五経の心を鑑として自分の心を正しくすることは、常に心の中で行う学問であるから「心学」というのである。心学によく励めば、庶民が聖人の位にまでたどり着くこともできるので「聖学」ともいう。

俗儒は、訓詁だけを耳で聞いて覚え、それを口で話すだけなので、事跡の正確な意義すらわかっておらず、その心を取り入れて師とすることなど夢にも考えない。そういう心構えなので、四書五経を読んでも文章の字句を黙々と暗誦して〝口や耳の飾り〟にしているだけのことであり、心は元の木阿弥。喩えていうなら、いつも使い慣れて手垢にまみれた木のお椀を、いかに使い込んだかといって自慢の種にする類いであるから、得るところがないどころか、かえって悪くなってしまうのがオチだということ。

そうならないように、四書五経に込められた聖賢の心を心の師として自分自身の心を正しくすることを少しも心がけずに、ただ博学ぶりを誇るのを生きがいとし、耳で聞いて口先でいうだけのことなので、それは『荀子』（勧学篇）がいみじくもいっている「口耳《こうじ》（四《し》寸《すん》）の学」（口耳の間、則ち四寸耳《のみ》）であるから、「心学」とはいわず、「口耳の学」と呼ぶのである。この口耳の学をやると、どんなに博学多才であっても、心構えや身構えといった点が俗世間の凡夫と少しも変わらないので、「俗学」ともいっている。このように、四書五経の学問に「心」「事跡」「訓詁」の区別があるということをよく心得てさえいれば、同じ書物を読んでも真贋の違いがあることをことさら強調しなくても、はっきりとわかることなのだ。

学問の成果を問う

【問】 正真の学問をすると、どのような成果が得られるのでしょうか。詳しく教えていただけませんか。

【答】 正真の学問を志して目標を達成できたら心が晴ればれとし、言動が正しくなるので、人として願うような事柄で叶わないものはなくなる。それくらい効果があるものは、この世に二つとないように私には思える。正真の学問を少し学んだだけでも、それくらいの成果は得られるはずだ。

【問】 そのお話はどうも信じがたい。人の願いごとにはたくさんの種類があるが、集約すると、富貴な身分になりたいとか長生きしたいとか願う以外に、これといったものはないのではありませんか。学問をすれば、才徳や功績が人より優れるようになるというのはもっともな話です。富貴になりたい、長生きしたいと願っても、そのようにはなれないと思います。孔子は高い位を得なかったし、弟子の顔回は〝※簞瓢陋巷《たんぴょうろうこう》〟（「一簞《いったん》の食《し》、一瓢《いっぴょう》の飲《いん》、陋巷《ろうこう》に在り」の意味）といわれる貧しい暮らしを送っただけでなく、短命だったと聞き及んでおり、聖賢は古来、人としての願いを叶えられなかったということがはっきりしているので、先生のおっしゃることは信じがたいと思うのです。

【答】 そういうことにも「心」「事跡」の区別があるのだ。事跡だけを見ると、そうした疑いが湧くのはもっともだが、心を見ればそのような疑いを少しも感じないはずだ。

聖賢の心は、富貴を願わず、貧賤をいとわず、生を好まず、死を憎まず、福を求めず、禍を避けず、ただ身を立て道を行うだけなのである。凡夫のような願望はまったくなく、ごく自然な願望に従っているだけなので、凡夫が思うがままに願いを叶えようとするのと比べて、心の楽しみ方が一段と勝っている。

そのうえ、凡夫の願う富貴は小富貴といって、ちっぽけな富貴である。富貴には、小富貴のほかに、至富貴《しふうき》といって途方もない富貴があるのだ。だが、この大富貴は凡夫の目には見えないから求め願うことはない。聖賢は、この大富貴を自在に得られるので、小富貴は視野になく、求め願わないから、簞瓢陋巷の境遇に置かれたとしても、常に泰然自若として無上の真の楽しみを味わっているのだから、凡夫が小富貴となって得た楽しみとは同じ尺度で語るべきではない。これこそが思いどおりの富貴といえないだろうか。

聖人に備わった明徳は、『中庸』のいう「至誠無息」（至誠が息《やす》むこと無し）や『性理會通《せいりかいつう》』（白沙要語）に見える「長在不滅」（いつまでも存在し続け、不滅）なので、形は滅びても消え去ることはなく、たとえ天地が終わってもその明徳が終わることはないから、道教の伝説的仙人たちの逸話集『列仙伝』に登場する彭祖《ほうそ》の七百歳、喬《きょう》・松《しょう》（周の霊王の太子王子喬《おうしきょう》と古代三皇の一人で人身牛首の〝神農〟こと炎帝の雨師赤松子《せきしょうし》）の千歳という〝超長命〟でさえ及びもつかないのだ。こういうのが思いのままに長生きするということではなかろうか。凡夫は事跡にこだわって論じるので迷った疑いばかりだ。心の面で論ずれば何の不審もないはずだ。

※簞瓢陋巷　『論語』（雍也《ようや》篇）に「子曰く、賢《けん》なるかな回《かい》や、一簞《いったん》の食《し》、一瓢《いっぴょう》の飲《いん》、陋巷《ろうこう》に在り。人は其《そ》の憂いに堪《た》えず。回や其の楽しみを改めず。賢なるかな回や」（子曰く、見上げた男だ、顔回《がんかい》は。食べ物は竹の食器の飯一杯だけ。飲み物は瓢簞《ひょうたん》に入れた水一杯だけ。しかも、路地裏の侘び住まいだ。ほかの者なら辛くて耐えられない境遇だが、顔回はその楽しみを改めようとしなかった。見上げた男だ、顔回は）。顔回が三十代の若さで亡くなったとき、孔子は「天は我を滅した」と叫んだ。

真儒の生業

【問】「真儒の生業《なりわい》」には、どんな仕事を選んだらよいでしょうか。

【答】儒道を行う人は、天子、諸侯、卿大夫、士《し》、庶民である。これら五階級の人間の中で至徳要道を保合（保ち、なおかつ修養しようと努力）する者を真儒というのである。そういうことなので、天子、諸侯、卿大夫、士、庶士がそれぞれ従事する仕事が、とりもなおさず、「真儒の生業」ということになる。五階級の者が従事する仕事以外の生業は、天命本来の理にそったものではない。

したがって、至徳要道に励む真儒は、五階級の範囲内で貴賤貧富に左右されることなく運命の流れに身をゆだねて、気ままに遊び楽しむことのないようにと自らを叱咤勉励《しったべんれい》しながら日々の勤めに励み、それ以外の余計な願いを抱くことがないから、富貴な境遇になっても驕ることはないし、貧賤な身の上になっても諂《へつら》ったりすることもない。ただ「天理の真楽《しんらく》」（天から授かった真の楽しみ）を享受するだけで、それ以外のことは求めないのだ。

【問】そういうことであれば、俗儒が学問を教えることを生業とするのは間違いということでしょうか。

【答】　教えることを生業とするのは、いわゆる使徒（周代の教育家）や教官の仕事に属し、士がやるべきことなので間違いではないが、その心の持ちよう、その身の行い、教え方が間違っている。教え方さえ正しければ、立派な真儒である。心の持ちよう、身の行いが道をはずれ、加えて教え方もよくないから俗儒と譏《そし》られるのである。教えることを生業にすること自体には問題はないが、教え方に間違いがあると理解したらいい。

亨の章〔上巻之末〕

文武両道

【問】「文武は車の両輪、鳥の両翼のようなもの」と昔から言い慣《なら》わしてきましたが、文と武は種類が違うものなのでしょうか。一体、どのようなものを文武というのですか。

【答】世間は、文と武を大きく心得違いしている。歌を詠み、詩をつくり、文章を書くことに上達し、人あたりもよくなって、気性が穏やかで繊細な立ち居振る舞いをするのが世間でいう「文」であり、弓馬・兵法・軍法に習熟して気性が猛々しく威厳のある立ち居振る舞いをするのを「武」としてきた。もっともらしく聞こえるが、本質からはずれている。文武とは、元来、一つの徳目であって別々のものではないのだ。

天地の造化（万物を育てる働き）は一つの気のように見えるが、気には陰と陽の区別が存在するように、人が本性と感通することも一つの徳のように見えて文と武の区別があるので、「武を伴わない文」は真実の文とはいえず、「文を伴わない武」は真実の武ではないのである。※陰は陽を生む根となり、陽は陰を生む根となるように、「文は武の根」となり、「武は文の根」となるのである。

天を経《たて》（縦糸）とし、地を緯《ぬき》（横糸）として布を織るように天下国家をうまく統治し、五倫の道を正しく行うことを「文」という。それに対し、天命を恐れない悪逆非道な者が文道を妨げるなら、刑罰に処して懲らしめたり、軍を発進させて征伐したりすることで天下を統一して政治を行うことを「武」という。そういうことから「戈《ほこ》を止《やめる》」の二文字を合成して「武」という字を創ったのだ。

文道を行うための武道なのだから、武道の根本は文道なのだ。武道の威を用いて修める文道なのだから、文道の根本は武道である。しかも、文武の二つはあらゆる場面で切り離せない関係でもある。孝悌忠信を正しく行うように導くのは文だ。孝悌忠信の障害となるものを退治して正しく行えるように導くのは武である。このことを四季と陰陽の関係に喩えていうと、一年を通じて、春夏に勢いが強くなる陽ばかりで秋冬に勢いが強くなる陰がなかったり、その反対に秋冬に勢いが強くなる陰ばかりで春夏に勢いが強くなる陽がなかったりすれば、天地が万物を生み育てる造化という働きが成就しなくなる。

気には陰陽の区別はあるが、本来、宇宙にみなぎる「元気」という同じ気がさかんに活動しているのと同じように、文武はもともと同一の明徳であるから、武ばかりがあって文がないというのは秋冬に満ちあふれる陰だけがあって春夏に満ちあふれる陽がないようなもの。また、文ばかりで武がないと、春夏の陰だけで秋冬の陽がないようなもの。文は仁道の異名で、武は義道の異名である。仁義は、人の本性に備わった一つの徳であるから、文武も同様に同じ一つの徳であり、別々の徳ではないのだ。

その仁義の徳について、よく悟って文武の意義を明らかにすべきである。仁に背いた文は、見かけは文でも、実体は文ではない。義に背いた武は、見かけは武でも、実体は武ではない。そのような文武の正味をよく嚙みわけるようにしないと、心は闇のように暗くなり、さまざまな方面で障害が増えることになる。

さらにいうと、文武には徳と芸という本末がある。仁は文の徳で文芸の根本である。文学・礼・楽・書・数は芸で文徳の枝葉である。よって、根本である徳をまず第一に励み、学んで、第二に枝葉である芸を習う。そうすることで本末が兼ね備わって文武合一となる。そうなることを「真実の文武」といい、「真実の儒者」というのである。文芸の心得だけがあっても文徳が備わっていなければ文道の役には立たず、逆に武芸の心得だけがあっても武徳が備わっていなければ武道の役には立たない。そのことを喩えていうと、根のない草木が果実を実らせることができないようなものだ。

気だてが優しく、立ち居振る舞いが繊細なことを「文《あや》」といい、猛々しく厳《いかめ》しい様子を「※武用（武術）」などというのは浅薄な議論である。見かけは温和で軟弱そうでどこか抜けている感じなのに、実際には武用の腕が立つ者もいる。そういうのを「沈勇」（落ち着いていて勇気がある）という。世間で武功を上げたといっているのは、大体、この沈勇タイプが多い。かと思えば、見た目は鬼神のように猛々しく厳ついのに、とても臆病な人がいる。これを昔の人は「※羊質虎皮《ようしつこひ》」（虎の皮をかぶった羊）と比喩した。羊は虫も殺さぬ優しい動物で、虎は人や家畜をも食い殺す獰猛《どうもう》な野獣。羊に虎の皮を着せてみると、見かけは猛々しく恐ろしげだが、本質は羊であるから、見かけと違ってとても興ざめな振る舞いだ、という意味である。このような例は眼前にたくさん転がっているが、見かけと本体とをきちんと判別できる人は稀なように思える。

※陽は陰を生む根となり、陰は陽を生む根となる　「陰陽同根説」といわれるもので、初出は「陽根は陰にあり、陰根は陽にあり」（陽根於陰、陰根於陽）と記した『黄帝内経』。

※武用　「武を用いる」の意味で、戦国時代以降、武辺→武用→武士道と変化した。

※羊質虎皮《ようしつこひ》　颺雄《ようゆう》（西漢末期の文学者・哲学者）『楊子法言《ようしほうげん》』（吾子《あこ》篇）に「羊虎皮を質《ただ》し、草に見えて悦《よろこ》び、豺《やまいぬ》に見えて戦《おのの》く。其の皮を忘れ之れ虎か」（羊質而虎皮、見草而説、見豺《やまいぬ》而悦、忘其皮

之虎矣）。『後漢書』（劉焉《りゅうえん》伝）にも引用されている。

根幹と枝葉末節

【問】それなら、武芸や文芸は不要なものということですか。

【答】それは短絡的な考えである。根本となるものを枝葉末節的なものにばかり求め、学ぼうとするのは間違っているといっているのだ。根本となる仁義を身をもって行ってから文芸や武芸に秀でるというやり方は、本末を兼備した多才な君子のやることであり、世間の諺にいう「花も実もある人」がそれである。

物事の根本に習熟してから身につける文芸や武芸は、ことさら重要な宝となる。「本末・先後《せんご》の心得」が大事ということだ。

【問】本末を兼ね備えられない者は、どうしたらよいでしょうか。

【答】末《すえ》を捨てて本《もと》を学べばよろしい。文芸を知らずに武功を立てた者は、古来、多数いるが、皆、本を第一として励んだ結果なのだ。このことは心に強く銘記すべきである。

【問】さきほど沈勇が世間に多いといわれましたが、見かけが軟弱そうな者を武用では頼もしいはずと見立てておられるのでしょうか。

【答】それも、いわゆる〝鼻先の心得〟（近視眼的な見方）というやつだ。沈勇が世間に多いといったのは、見かけや近視眼的なもくろみでは真実はわからないという意味である。見かけがおっとりしている者にも臆病者はいるだろうし、勇敢な者もいるだろう。見かけは勇猛そうなのに臆病な者もいれば、頼りがいのある者もいるはずだ。単なる見かけにこだわらず、心が勇壮か臆病かを察するのが目利きの眼力というものだ。

「仁義の勇」と「血気の勇」

【問】勇気には「仁義の勇」と「血気の勇」の二種類があると聞き及んでいますが、両者の間にはどのような違いがあるのでしょうか。

【答】明徳を身につけていると誰の目にもわかるような君子は、義理を貫き、道を行うこと以外に願うことは何もなく、欲得に迷うこともない。だから、義理を立て正しい道を行い、主君や親のために命を惜しまない。その様子は履き古して破れた藁沓《わらぐつ》を捨てるようで、死を恐れたり生に執着したりといった私心はまったく感じられない。だから、天と地の間に存在する万物の中で恐れるものなど何一つないということになる。たとえ千万人もの敵と対峙するようなことがあっても、虎や狼が狐や狸に向かっていくときのように、恐れる心は毫《ごう》もない。そのように何も恐れないことが勇猛の至極である。

この勇気は、「明徳の仁義」と呼ぶ仁義を身につけていれば、おのずとその仁義に備わっていることから「仁義の勇」と呼んでいる。そのように天下無敵のとてつもない大きな勇気なので「大勇」ともいっている。前述した「真実の武」が、即ち、この大勇である。

もう一つの「血気の勇」というのは、道理と無理、義と不義をわきまえずに、ただひたすら猛々しく振る舞って、人に勝ち、何ごとも恐れないというだけなので、虎や狼の勇猛さに等しく、かえって人道の妨げとなりかねない。勇猛で死を恐れない点は「仁義の勇」と似ているが、道理と無理、義と不義のわきまえもなく、ただ血気にまかせて一方的に猪《ちょ》突猛進《とつもうしん》するだけなので、そのような虎や狼のような振る舞いは、とても興ざめで、位の高い者の場合は反乱を引き起こす原因になるし、貧しい者の場合は盗人へと走りかねない。また、強欲で欲のために恐れおののく心は、臆病者が死を恐れるのと少しも変わらない。

血気の勇者は、結局、欲を本とするから、勝ち戦では武勇を発揮し、忠節ぶりはひときわ見事ではあるが、敗《ま》け戦になると主君を捨てるという思いがけない行動に及ぶ。その手の武辺者は古来多いのである。そういうわけで、ただ血気に走るだけの勇気しかなく、主君に対する義理を果たせないような勇気を「血気の勇」というのである。血気さかんで猛々しいだけで、欲得に絡んだ恐怖心が強いと、天地人を貫く大道を行うには何の役にも立たず、その者の体だけが生活の役に立つといった程度でしかないので、「小勇」という別の言い方もするのだ。

文武合一の明徳

【問】大勇・小勇にはどのような使い方がありますか。

【答】大勇を発揮して悪い場所などはどこにもないし、そうすると悪いときもない。日常生活での立ち居振る舞いや五倫の交わりに大勇がないと、正しい道も行うことは不可能である。軍陣においては、大将にも雑兵にも同じことがいえる。小勇しか振るえない者は武用にしか役立たないから雑兵《ぞうひょう》には適しているが、大将には向かない。昔から日本でも中国でも、小勇しかない大将が勝利できなかった例は枚挙にいとまがない。だから、慎重を期さないといけないのである。

【問】軍法には、さまざまな慣習があり、流派が多いと聞いております。大将として知っていなければならないことはありますか。

【答】軍法は大将が知っていなければならない必須事項である。大将が軍法を知らないことを喩えていうと、竹に羽をつけて矢を作る細工を行う職人（矢矧《やはぎ》師）が、矢の作り方を知らないようなもの。軍法を人の体に喩えるなら、仁は心に該当する。敵の様子をうかがう間諜《スパイ》は眼。用兵の正攻法や奇策は手足。旌《せい》（旗竿《はたざお》の上に旄牛《からうし》の尾を付け、それに鳥の尾を付けた旗）、鉦《かね》や太鼓、兵具の飾り、それらを使うときの作法、日程の立て方などは、皮膚や毛髪だ。

だが、ほとんどの人は、皮膚や毛髪だけを軍法と思っている。流派が多くなったのは、そのせいだ。旌、鉦や太鼓、兵具の飾り、それらを使うときの作法、日程の立て方などについては、家ごとにしきたりがあるから、その流派もまた多数ある。とにかく、それらは皮膚や毛髪であるから、どれが良くてどれが悪いと決めつけてはならない。日時場所に応じて、また人それぞれがよく考えて決めるのが一番である。たとえば、昔からある流派を受け継がず、大将が独自に考案して新しく定めてもかまわないのだ。

覘釁《てんきん》（隙を窺う）、用間《ようかん》（間諜を放つ）、奇正（正攻法・奇襲法）は、勝負の眼目であり手足となるものであって一つの同じ術であり、流派によって変わるということはない。その眼目に精通し、手足も達者なら、百戦百勝の功を立てることができるので、そういう者を「名大将」というのである。反対に、この眼目にうとく、手足が達者でないと、戦いに敗れて後れを取るだけだから、そういう者は「悪大将」という。それなのに、その眼目や手足のことを露ほども悟ることができず、皮膚や毛髪にのみこだわり続けることが軍法であると心得違いしているのは、実にあきれたことだ。

軍法とか陣図は、そもそも『易経』に始まり、黄帝《こうてい》（中国古代の伝説上の最初の皇帝）の時代に完成し、周の時代の太公望や三国時代の名臣諸葛孔明《しょかつこうめい》など、歴史上の代々の諸賢が伝授してきたものだ。日本にも伝来したが、原文の漢文を仮名混《ま》じりで書き下し文に改めたものには誤りが多い。軍法・陣図をそのまま受け入れるのは、いってみれば、馬の目利きになろうとして「段の絵図」（馬の優劣を七段階の等級に区分した図）で習い覚えるのと同じことだ。愚かで物事の役に立たないことを昔の人は「図を按《あん》じて驥《き》を索《もと》む」（『漢書』梅福伝）といった。

こんな逸話がある。昔、中国《もろこし》にある名大将がいた。その大将の息子は父の書物を読み習ったが、臨機応変の心構えがなかった。そのため、親の死後に大将となってから合戦で大敗北を喫し、世間の物笑いとなったという話だ。なぜそうなったかといえば、その男は眼目や手足について工夫せず、ただ皮膚や毛髪の部分だけを一所懸命に学んだからだ。

よって、軍法を学ぼうと思う者は、まず真儒の門を叩いて「文武合一の明徳」をよく理解し、根本を揺るぎないものにしてから軍法の原書を学んで、眼目や手足の工夫をどうすればよいのかという課題に専念する。そうすることが肝要である。このことは、急務として武家が精魂込めて第一に取り組むべき事柄なのだ。

仁義の徳

【問】 儒教の「心学」を究めない者でも、軍法に練達し、軍功を立てて高名となった大将は、古来、日本・中国ともに大勢いるので、心学に精通していなくても、軍法の学びは成るものです。しかし、そうはいっても、まず儒門の心学を究めてから学ぶべきだと先生がおっしゃることには疑問を感じます。

【答】 なかなか良い疑問だ。大将の器を備えて生まれついた者は、心学を学んで才能を磨かなくても軍法は上達するし、合戦で軍功を立てることもできるが、徳がないと、自分の才気に惑わされて人を殺すことを好み、不義無道な言動にも及ぶので、万民はその毒気に当てられて嘆き悲しみ、最後にはその者自身が滅ぶだけでなく、国もまた必ず滅んでしまうものなのだ。中国にも日本にもその証拠が残っている。徳がなくて才気ばしった大将が、自身が災難を受けることなく、子孫が繁栄した例は稀なのだ。日本および中国の歴史書から学ぶとよい。

そもそも軍法本来の目的は、国家安穏・武運長久であり、万民を幸せにすることでもあるが、そのようにはならず、万民がその毒気に当たり、大将自身の命運も尽き、国家滅亡の元凶となってしまうようでは、どんなに軍法に熟達し、合戦で勲功を立てたところで、所詮、無益な無駄骨。のみならず、陰謀をめぐらすことに熱を入れ、詐力《さりき》（詐術と暴力）にものをいわせるばかりで、肝心の「仁義の徳」がないと、たとえ韓信《※かんしん》・項羽《※こうう》に匹敵するような才能があっても、殷の桓公《かんこう》や周の文王のように信義を重んじ、兵の団結力を誇る強敵を前にすれば、盾つくことすら不可能である。ましてや殷の湯王や周の武王のように、仁を尊び義を重んじて天下を統一した王に付き従う〝仁義の兵〟と敵対して戦うことは、大きな車に斧を振りかざして戦いを挑むカマキリと異ならない。

李筌《りせん》（唐末の兵書家）の『太白陰経《たいはくいんけい》』に書かれている以下の一節（『荀子』義兵篇の引用）の意味をよく噛みしめて理解するようにしてほしい。こういうことだ。

「斉《せい》の伎撃《ぎげき》（勇力で敵を撃斬《げきざん》する戦法）は、魏の武卒《ぶそつ》（武馬に優れた兵卒）には敵《かな》わない。その魏の武卒は秦の鋭士《えいし》（武勇に優れた士卒）には勝てない。その秦の鋭士は桓文《かんぶん》（斉の桓公と晋の文公）には歯が立たない。その桓文の節制は湯武《とうぶ》（殷の湯王と周の武王）の仁義（仁義の軍）には勝てない」

したがって、『孫子』※の五事（道・天・地・将・法）は道を第一とし、『呉子』（『孫子』と並ぶ兵法書）の兵法は和を先にしているのだ。道といっているのも、和といっているのも、「仁義の徳」のことである。この徳を明らかにできる方法は儒門の心学以外にないのだから、まず心学をしっかりと励んでその徳を身につけ、それから軍法を学ぶのだ。そうするのが最良であることは、いわずもがなである。いずれにせよ、軍法を学びたいのであれば、天下無敵の「仁者の軍法」※を学ぶのがよろしかろう。

※**韓信**　秦末の武将。蕭何《しょうか》・張良《ちょうりょう》と並ぶ三傑の一人。前漢の高祖（劉邦）の功臣。当初は項羽に従ったが、重用されず、敵対する劉邦に走って重用された。

※**項羽**　劉邦と組んで秦を倒し、楚王となるが、垓下《がいか》の戦いで劉邦に敗れ、烏江《うこう》で自刃。

※**『孫子』の五事**　兵法で重視すべき「道」「天」「地」「将」「法」のこと。道は、君臣の心の一体。天は、陰陽・昼夜・寒暑・季節など。地は、距離の遠近・地勢の険易《けんい》（険阻と平坦）・地形の有利不利など。将は、智・信・仁・勇・厳。法は、軍の編成・職責分担・用度の適切など。

※**天下無敵の「仁者の軍法」**　『孟子』（梁恵王上篇《りょうけいおう》）に、梁恵王から「自分の代になってから戦いに負けてばかり。その汚名を雪《そそ》ぐにはどうすればよいか」と問われた孟子は、仁政の重要さを説き、「故に仁者は敵なし」（故仁者無敵）と告げたとある。

三段階評価法

【問】 士の吟味評価はどのように行うのでしょうか。世の中の諸侯（大名）が士を召し抱える様子を見ていると、吟味評価はやっているように思えますが、評価基準が決まっているようには思えません。われわれの考えでは、縁故に恵まれ、ツテのある者が良い士とみなされて高い知行を得ていると思うのですが、いかがでしょう。

【答】 それは悪口というもの。道の議論とはいえない。主君になるような人物は、じっくりと吟味して立派な士を召し抱えたいと思っているものだが、世間の風俗がよくないためにその吟味評価方法が明白にされず、心ならずも吟味などは行っていないように受け取られているのだと私は思う。

基本的評価方法でいうと、士の分類は上中下の三段階に分かれる。まず明徳が十分明らかで、名利や私欲で思い悩んだりすることがなく、「仁義の大勇」があり、文武両道を兼備している者を「上」とする。次に明徳はまだ十分明らかとはいえないが、財宝や名利・私欲に対する迷いはなく、功名とか節義を命に代えても守ろうとする者を「中」とする。その次に、外面ばかり気にして義理立てをするくせに、心中では財宝・利欲・立身だけを貪《むさぼ》っている者を「下」とする。この下品に位置づけられる「曲者《くせもの》」が世の中にはたくさん犇《ひし》めいているように思える。人の上に立つ君主はよほど用心してかからねばなるまい。

ところで、諸士を吟味評価する上で重要なことが三つある。「徳」と「才能」と「功」である。この三つにも上中下がある。徳は、文武が合体した明徳だ。才能は、天下国家のあらゆることを行う文藝武芸の才知であり芸能である。功は、天下国家の運営に尽力して成果を上げることとか、奉公に奔走し業績を伸ばすこととか、天下国家のためになるようなことを創出することとか、大敵を滅ぼして武勲を立てたりすることである。

徳と才能と功の三つを吟味の柱と定め、上中下の等級に応じた相応の知行を与え、官職を授けるのが、士を吟味する古来の掟となっているのである。今の時代でも才と功については評議しているが、徳についての評議の仕方を知っている者は稀である。

昔の掟とは

【問】今の時代の功と才の吟味の仕方は、昔の掟に適っているといえますか。

【答】功・才という呼び方は昔と同じだが、吟味の仕方がよくないからか、それとも、人がうまくごまかすようになったからか、昔の掟に適うような事柄は少なくなった。

【問】昔の掟とは、どのようなものだったのですか。

【答】昔の掟は、才も功も「徳」を評価の根本とし、その徳は「中和」を大本《たいほん》（大根本）としていた。才も功も、義理を欠くようでは真実の才や功とはなりえない。つまり、主君たる人の心が掟の鏡なのである。その鏡が曇ってしまっては、どんな吟味も過ちを犯してしまう。そうならないように、まず主君の心を明らかにして「掟の心」を定め、才・功・徳の真贋判定および上中下の品定めをし、鏡が陽光を反射して陰となった隅々まで照らすように少しの誤りもないようにする。そのようにできるなら、諸士がごまかすことはおのずとなくなり、真実の徳と才と功に一所懸命に励み、正真の忠節を尽くすようになるだろう。これが昔の掟の主眼である。しかし、どんなに立派な掟が存在しても、主君の心が暗愚なら、その掟は役に立たないものになってしまうので、主君たる者は、よほど己の心を恥じたり恐れたりするようにしなければならないのである。

能力に応じた人の使い方

【問】臣下の者は、どのように使ったらよろしいでしょうか。

【答】主君が臣下を使うことの本来の意味は、心の公明博愛を基本とするということなので、人を軽々しく取捨選択せず、私心を差し挟むことなく、賢・智・愚・不肖それぞれに応じた用い方・退け方をし、道徳や才知に長けた賢人を高い位につけ、治政全般の主な相談役とする。才徳のない愚者や不肖者にも良いところや見るべきところが必ずあるから、長所を的確に把握して各人の能力にふさわしい位に配置して采配を振るえば、役に立たない者は一人もいないはずだ。良い人材でも起用法に誤りがあると役に立たないと心得えたい。このことは、大工が家を建てるときの木材の使い方を見て納得すべきである。それから、才智が抜群と思える者にも得手不得手なことが必ずあるものである。そのことに気づいたら、不得手なことはさせないように配慮するとよい。

気に入った出頭人（主君の側《そば》に常に控えていて諸事を取り継ぐ役職）というだけの理由で、彼らの得手不得手を吟味することもなく、傍若無人な態度でこき使い、もし相性が悪ければ、その者の得意なことにも使わないというやり方は誤りである。主君の側近くに仕えるような士を主君直々に使ってこそ、人柄や心ばえも見知ることができるというものだ。ただ、人づてに聞いただけで起用している場合は、良いところも悪いところも知るすべがない。そういう状況では、出頭人を介して聞き、知るだけになる。そのような誤りは、どれも道理がよくわからず、的確な判断が下せない主君の暗迷な心に原因がある。

主君が臣下を使う心得を、喩えていうと、磁石が針を吸着するようなもの。『周易』（文言伝）がいっているように、「火は乾いたものにつき、水は潤っているところに流れる」

（水は湿《うるおい》に流れ、火は乾《かわく》に就《つ》く）。そういう道理であるから、磁石が鉄でないと吸いつかないように、主君の心と同じ心を持つ者でないと使えないのである。暗愚で度量が狭い主君は、どんなに優れた士を集めたところで登用せず、主君に諂《へつら》うような腹に一物ある心のねじ曲がった者ばかりを用いるものだ。その結果、仕事がよくできる立派な家臣が家中にいたとしても、いないのと同じことになってしまう。

主君の心が正しければ、その心に適う立派な家臣以外は重用しないから、ひと癖もふた癖もある好ましくない家臣も、私欲や悪辣《あくらつ》な行いに走るのを恥ずかしいと感じるようになって、自然と良い方向へ向かうので、家中に心がまっすぐでない者がいたとしても、いないのに等しい。臣下が良くなるのも悪くなるのも、国が乱れるのも治まるのも、突きつめると、主君の心ひとつにかかっているのだ。この点は、よくよく主君が心がけておかねばならないことといえよう。

法令の限界を知る

【問】 法令（法度）は、数を多くし、厳しくするのがよいでしょうか。

【答】 命令（仕置）や法令に盛り込む条項の数は、実施するときの状況や時期に応じて内容を決めるものなので、多い方がいいとも少ない方がいいとも断言はできかねる。それに厳しくして効果が出ることもあれば、緩くしていい結果が出ることもあるので、どっちがいいとは一概にはいえない。ただし、時・所・位にふさわしい道理に従うのが一番だ。

命令や法令にも本末がある。主君の心が立派で正しい道を行い、国中の手本となり、鑑となるように、命令や法令を定めるのが、為政の根本である。法令の条項は政治の枝葉に過ぎない。下々の者は皆、主君が好んですることを真似しがちなので、主君の心が公明正大で、正しい道を行うのなら、法令などなくて、おのずと人の心はよくなるものなのだ。ましで法令をきちんと定めて違反した者を刑罰で懲らしめ、本末ともに正しくし、良く行えば、国は富み栄え、長く久しく続くものである。本を捨てて末節ばかりで治めることを「法治」といい、好ましいことではない。法治は、例外なく、たくさんの箇条が並ぶ厳しいものになっている。秦の始皇帝の命令が「究極の法治」といえよう。法治下では、厳しければ厳しいほど世の中が乱れるものなのだ。始皇帝の時代を鑑《かがみ》として考えるとわかりやすい。

政治は本来、数が少なくてその時代にふさわしい最高の善（至善）に適い、鷹揚《おうよう》であることを本とする。その点、今の時代のように、暗迷の心を抱えた人々を治めることを「濁り水を澄ます」ことに喩えている。あれこれいじればいじるほど、濁りが増す。いじらずにそのまま放置しておけば、浮かんでいる塵芥《じんかい》などは自然と沈んで上の方から水が澄んでいくようなものだ。

「徳治」と「法治」を区分することをよくよく心得ないといけない。徳治は、まず自分の心を正しくしてから他人の心を正しくしようとすることである。喩えていうと、大工が使う墨金《すみがね》（曲尺《かねじゃく》）は、材木の形を正しく整え、直すことだ。一方、法治は、自分の心は正しくないのに、他人の心を正しくしようとすることだ。喩えていうと、諺にある「杓子縄《しゃくしじょう》規《ぎ》」（杓子定規）ということになろう。主君の心が明らかならば、吟味も正しく行われるし、法令も道理からはずれることはないから、先々長く変わることがない。だが、主君の心が暗愚なら、あらゆることが吟味されないから、その法令は以後、何度も改められることになる。

時・所・位が重要

【問】刑罰に関する学問は、どのようにするとよいでしょうか。また、すでに施行されている良い法令というのはありますか。

【答】刑罰に関する学問は、別の言い方をすると、儒学である。真儒の師について学ぶとよろしい。良い法令は「活法」といって、（具体的な）事柄をいちいち規定するようなことはしない。一方に偏って定めた法を「死法」といい、これは役に立たない。

法令には「心」と「事跡」の違いがある。『周礼《しゅらい》』などに記された周代の官制に関することは、聖人、天の時、地の利、人情が最も善く行われることを目指して定められた法令の足跡である。その足跡に備わっている本意を「心」という。その足跡によって立法本来の意味をよく悟って、今の時代の法令を定めるときの手本とし、その事例の足跡にこだわることなく、聖人の心によく適うようにするのを「至善の活法」という。そうすることの意味をよくわきまえずに過去の事例の足跡だけを手本としてただ真似るだけなのを「膠柱《こうちゅう》の死法」というが、これはおろかで何の役にも立たない。

法令というのは、そもそも主君の明徳を明らかにして根本を定め、『周礼』などに記された聖人のつくった型をよく考えて、その真意を悟り、政治の鑑とする。そして、時・所・位および天地人の三才にふさわしい最高の善（至善）かどうかをよく見極めて、いつまでも変わることのない中庸を行うことをその眼目とするのである。義理という観点で論じると納得しがたいから、目の前にあることに喩えて実感し、会得するとよい。

『礼記』は、刑罰の仕方を農耕を例にとって論じて明らかにしているので、農耕に喩えるのがわかりやすいだろう。時とは天の時のことであり、春夏秋冬、運勢が開運か閉運かをいうのである。つまり、冬に田を耕して種を蒔き、農耕の手法によく励んだところで、何の役にも立たないということだ。そうすべき時を間違えているから、苦労しても成果が得られないだけなのである。

そういうふうにして、学問も政治も、運命・運勢のいついかなるときが一番よいのかを知るのが第一である、ということを明白にしないといけない。耕作すべきときが到来しても、稲を畑に植えたり、豆を田に植えたりしていては、どんなに精魂を込めて肥やしを施したり、田畑の手入れをしたとしても、どちらも育たないのである。この場合、時もよく、耕作の仕方も正しいのだが、所を間違えたために役に立たないということだ。

この例から、学問も刑罰も水・土という地の利を知ることが肝要ということを理解しないといけない。耕作の時が到来し、稲は田に植え、豆は畑に植え、天の時も地の利も最適な状況となっても、他人の田畑に植えたとしたら、自分には何の益もないどころか、かえって盗人として咎《とが》められるだろう。この場合は、時も所もよいのだが、自分自身の位という分際にふさわしくないことをするからそういう結果を招くのだ。このことから、学問でも政治でも、人は自分の位という分際を知ることが大事だと実感しないといけない。

また、耕作の時が到来し、自分の田に稲を植え、自分の畑に豆を植え、所も時も位もすべて最適な状態であっても、枯れた苗を植えたり砕けた種を植えていては、稲も豆も生えてこないから育ちようがない。すべて最適な状態であっても、苗と種に生命力がないからである。このことから、学問も政治も、苗になり種になる明徳という生命力が備わっていなければ、時と所と位がすべて好都合とならず、「聖人の法」を用いたとしても益はないことを実感すべきである。

そしてまた、時も所も位も好都合になり、苗も種もよくても、肥やしを施し、雑草を取るなどの手入れが悪いと、秋の取り入れ時になっても実がならない。この場合は、時・所・位・苗の手入れもいずれにも問題はないのだが、人事を尽くしきっていないからである。このことから、学問も政治も、人事を尽くすことが根本だということをよくわきまえないといけない。また、時も所も位も好都合で、苗も種も人事を尽くして頑張っても、あるいは強烈な日照りで灼《や》けてしまったり、長雨が降って腐ってしまったり、大風でなぎ倒されたり、虫に食われたりして、秋の収穫時に実がならなくなるときがある。これは天災であって、運命のなせるわざである。

時・所・位を公的なように分別し、人事を尽くそうと努力するのは、すべて人間の力がなせるわざであるから、これを一般に「人事」という。人事を尽くしても禍いに遭うのは運命であって、人の力が及ぶ領域ではないから「禍い」というのだ。人事を尽くさずに禍いに遭う場合は天災とはいわない。「自作の孽《わざわい》」※といって、自ら招いた「禍い」である。

人事の務めを怠って「天道しだいさ」などというのは、もってのほかというしかない心得違いだ。このことから、家を興し国を開き、あるいは家を失い国を亡ぼす運命の実体をよく実感すべきであろう。

——こうやって、論じてくると、問題が多岐にわたっていて難解なように聞こえるかもしれないが、とどのつまりは「明徳を明らかにする」という一点に尽きるのである。明徳さえ明らかにできるなら、時・所・位の見極め方、人事の務め、運命の定めは、どれも鏡に影を映すようにわかりやすくなる。

※自作の孽　『書経』（太甲篇《たいこう》）に「天の作《なせ》る孽は猶違《さ》くべくも、自ら作る孽は逭《のが》るべからず」（天災は避けられても、自ら招いた禍いは避けられない）。『孟子』は、この諺を二か所（公孫丑《こうそんちゅう》上篇・離《り》婁《ろう》上篇）で引用している。『孟子』では「逭る」を「活《のが》る」と表記。

世の中はすべて学問

【問】　学問と政治《まつりごと》は別々のものと思っているのですが、一つのものなのですか。

【答】　総じていうなら、学問の道をはずれたものなど世の中に一つもない。正真の学問というものがわかっていないから、さまざまな迷いや疑念が生じるのだ。学問全体では、明徳を明らかにすることを根本に据《す》えている。

明徳は、天地に存在する形あるもの以外にも通じており、上もなく下もなく、神のように人には予測がつかない。一方、天下国家を治める政治は、明徳が神に通じる不思議な働きをするような要領である。政治は明徳を明かりにしながら勉強する学問であり、学問は天下国家を治める政治である。つまり、学問と政治は、本来、「一にして二、二にして一」という不即不離《ふそくふり》の関係にある。そう理解することだ。もう一点付け加えるなら、法令の条項だけが政治ではないということである。天子や諸侯が身をもって行う一事や口で語る一言はすべて命令（仕置）の根本であるから、政治と学問とは、本来、「同一理」（同じ一つの道理）である。このことを明確に心得るべきである。

至徳と明徳、どこが違う

【問】「至徳」と「明徳」は、同じ一つのものですか。それとも別々のものですか。

【答】至徳と明徳は一体で、呼称が違っているだけだ。喩えで説明すると、大きな鏡に名前を付けるときに、よく映すという点に注目すると「明鏡《めいきょう》」と呼べるし、大きいという点に注目すると「大鏡《たいきょう》」と呼べるが、「至徳」と「明徳」もそれと同じことだ。また、徳性が明らかなところに注目して「明徳」と呼び、その徳性が内もなく外もなく、上もなく下もなく、広大無辺であるところに注目して「至徳」と名づけたのである。「至」の字には「極」「善」「大」「達」の四つの字の意味が込められているのだ。

横目で睨む仕事

【問】　横目付（武士の仕事ぶりを監視したり、論功行賞を司る役職）は今、〃横目〃と呼ばれて流行《はやり》もののようになっています。ないといけない役職でしょうか。

【答】　天下泰平の世の中には不要なものだ。風俗が悪化し、人心が乱れた世の中にはあった方がよい。そのわけをもう少し詳しくいうと、横目がいるということで、人は誰でも法令を気にして自分自身を戒める心が生じるから治政の助けになる。

しかし、横目のいうことを聞き入れ、深い考えもなく法令を頻繁に変えるようなら、むしろ、法令はない方がよい。だから、横目というのは、下々の者たちの心を戒めるための補助的な役割をしていると理解し、横目のいうことを無闇に丸呑みしてはならないのだ。

そもそも主君たる者は、人の道を大きくはずれた悪事悪行以外のことには知らぬふりを装って悠然と構えていることが基本である。妙に利口ぶって小賢《こざか》しい振る舞いに及ぶと、国を失う原因になることを知っておきたい。

「悟り」とは何か

【問】学問をするのは悟りを得るためであって、悟れなければ学問をしていると胸を張れないと聞き及んでいます。悟りとはどのようなことをいうのですか。

【答】悟りに関することは、言語で表現するのは難しく、説明しづらい。その表層的な部分を喩え話で少しだけ語ろう。われわれのような暗迷な者の心では、「仁義の神理」について知っても、よく理解できないでいるのは、目の不自由な人が物の色や形を見分けられないもどかしさと似ている。だからこそ、道理に暗い者を心盲と呼ぶのである。

目の不自由な人は、青黄赤白黒の五色、動物、草木の形などの様子を耳で聞いて知識はあっても、それぞれの正確な色や形を自分の目で見分けられないから疑問が晴れることがない。それと同じように、迷った心盲は、仁・義・礼・智・信の五常とか、天道・神道・運命・生死といった理《ことわり》をほぼ耳では聞いているのだが、心でその道理を知って明確に理解することができないために、どの神理に対しても疑いの心が生じ、迷うばかりなのだ。

目の不自由な人が、稀代の名医と評判の眼医者の治療を受けて両目が健常者のように見えるようになったら、それまで疑問に思っていた色や形が一つひとつはっきりと見分けられるようになり、あれこれ疑うこともすっかりなくなるのである。

そんなふうに心盲の凡夫も、稀代の名医といわれる「明師《めいし》」（すぐれた先生）と巡り会って学問の功を積み重ね、「本心の眼《まなこ》」（人間本来の天から授かった心眼）を見開くことができたなら、それまで疑い迷っていた五常・天道・神道・運命・生死についての理がことごとくはっきりと見えてきて、白昼に白黒を見るように判別できるようになる。それを「悟り」と名づけたのである。悟りの理は言葉の説明では伝わらず、凡夫の理解が及ばないから、目の不自由な人が見えていない目を見開く話に喩えることで会得するとよいだろう。

完璧な悟りの世界「大覚明悟」

大覚明悟《たいかくめいご》（完璧な悟りの境地）に達した人は、現世のことはいうに及ばず、生前・死後や天地に関するその他の道理に至るまで、黒と白を分けるようにはっきりと知っているので、孝悌忠信を尽くす神道を行う姿は、空腹を感じて食事をしたり、喉が渇いて水を飲んだりするのと同じようにごく自然である。人に褒められても喜ばず、譏られても憂鬱にならず、

※富貴にも毒されず、貧賤でも楽しみ、禍いを避けず、福を求めず、生をも好まず、死をも憎まず、ただひたすらに仁義・五常・三才（天地人）一貫の道を実践する様子は、さながら水が低きに流れ、磁石の針が南北を指し示すごとくである。

そのような悟りの域に達した※大人《たいじん》（聖人）は、『易経』（文言伝）が記すように「天地の徳が万物を生み育てるように、その徳で万民を教え導く。公平無私な心（明徳）で、日月がまんべんなく天地を照らすように、すべての人に接する。季節が春夏秋冬の順に狂いがないのと同じく、秩序を維持しながら万民を導く。鬼神が善人には福を、悪人には禍をもたらすのと同様、人の善行悪行に応じて賞罰を与える。〔天より先に行おうが、後に行おうが、私心はないから常に天と一体だ〕」（夫《そ》れ大人は天地と其《そ》の徳を合わせ、日月と其の明を合わせ、四時と其の序を合わせ、鬼神と其の吉凶を合わせ、〔天に先立ちて天に違《たが》わず、天に後れて天の時を奉ず〕）。そのことはまさに『孝経』の教えの「至誠は止むことがない」（至誠は息《や》むこと無し）である。※〔 〕内は『翁問答』では省略された箇所

人と生まれて目が不自由で暮らしていくことは、どんなに思いがけず無念なことか。

※富貴にも毒されず、貧賤でも楽しみ　『孟子』（滕文公《とうぶんこう》下篇）の「富貴も淫《いん》せず、貧賤も移《か》（易）うる能わず、威武《いぶ》も屈《くじ》く能わざる、此れをこれ大丈夫《だいじょうぶ》と謂う」（どんなに富貴でも心を惑わすこと

はできず、どんなに貧賤でも志操を変節させることはできず、いかなる威光や武力をもってしても、その志を曲げさせることはできない。そういう人を大人物という）。

※大人　王陽明は、天地萬物を一体とし、私欲・私心をそこに介在させない人物を大人とした。

天命の本然

【問】人や物の実態をつらつら観察してみると、良いものは少なく、悪いものが多い。良いものは育ちにくく、悪いものは育ちやすい。人の場合、賢人や君子は稀。たまにいても、不幸だったり短命だったりする。ところが、痴愚・不肖の類いは世の中にあふれている。いつの時代にも、盗賊のような悪い奴らは捕まえて殺してきたが、それでも絶えることはない。鳥類では、鳳凰《ほうおう》は滅多に見かけないが、鳶《とび》や鴉《からす》は雲霞《うんか》のように数が多い。野獣では、麒麟《きりん》は稀だが、狐や狸は数えきれないほどいる。草木を見ても、霊草（不思議な薬効のある草）や名木は少なく、名前もわからない雑木や野草は山野にあふれている。

「天道は純粋で至善である」ということですから、良いものは多く、悪いものは少ないはず。それなのに悪いものの方がたくさんあるというのは、どういう道理なのでしょうか。

【答】よいところに気づいた。その道理は易学に精通しないと納得がいかない課題だが、大ざっぱに話して進ぜよう。もともと、賢人、君子、鳳凰、麒麟などを善と決め、痴愚、不肖、鳶、鴉、狐、狸などを悪と決め、善悪の二文字で判定し、それをそのまま天道に当てはめたために、一段と疑念を持たれるようになったのである。

まず根本をよく考えてから枝葉の吟味に移るのが筋だ。万物は天道を根本として生まれ出たのだから、天道はいわば人間の大父母にして根本、人物は天道の子孫にして枝葉である。根本となる天道が純粋で至善であれば、その枝葉に当たる人物はどれも善であって悪ではないと理解すべきだ。「瓜《うり》のつるに茄《なすび》はならない」という諺どおりだ。

しかし、善ばかりで悪のない枝葉の人物の中にも、精粗（精緻と粗雑）の区別がある。それらのうち、最も優れた極上のものを「精」といい、最もひどい屑を「粗」という。精か粗のどちらに当てはまるかを、君子、小人、鳳凰、鳶、鴉などの形から見た高低評価でまず定め、それから「天命の本然《ほんぜん》」（天の命に適った純粋至善なありのままの姿）や神理（天理）という手本に照らして、精粗の人物の行いの善悪を判定する。悪は本来ないはずなのだが、粗の形に偏って生じてしまうために悪をさまざまな木の奇形に喩えるのである。

宇宙の根元である「太虚」の中で、形あるものは例外なく精粗の違いがある。たとえば日と月と星は「天の精」で、辰（星の一種）は「天の粗」だ。穀物や果物を産する山や田畑は「地の精」で、はげ山や不毛の原野は「地の粗」。聖賢君子は「人の精」で、痴愚や不肖は「人の粗」。鸞《らん》（鳳凰に似た鳥）や鳳《おおとり》は「鳥の精」で、鳶や鴉は「鳥の粗」。芝蘭《しらん》は「草の精」で、名もない野草は「草の粗」。沈香や栴檀《せいだん》は「木の精」で雑木は「木の粗」。総じて天地の万物の中で精は少なく、粗は多いのが道理ということになる。また、人体を部位の形で見ると、目は「形の精」でたった二つしかないが、毛髪は「形の粗」なので数が多い。以上の説明から、「精粗の多寡《たか》」について推察してもらいたい。

根本の善

【答（続き）】さて、どの場合も「精なるもの」はその種の中の要《かなめ》で主という位置づけである。一方、「粗なるもの」は、その精に従う存在だ。したがって、人間の精としての位を受けた聖賢・君子は、痴愚や未熟者の主君となって彼らを統治し、教え導く。粗なるものを受けた痴愚や未熟者は、聖賢・君子の臣下として命令指示に従わなければならないのが「天命の本然」なのだ。本来、主君は数の上で少なく、臣下は多いので、主君になる聖賢は少なく、臣下になる痴愚や未熟者は多くなるという道理はいうまでもない。

天命の本然として精なるものを受けた聖賢・君子は、気質の気は清く、質はまっすぐなので、「根本の善」をおのずと失わない。ところが、粗なるものを受けた痴愚・不肖の方は、気質の気が濁り、質も偏っており、その結果、国の法制度が正しく機能していれば問題はなく、人を人たらしめている根本の善を失うこともないが、法制度があってなきが如き状態になっていると、根本の善を失い、悪事を働きかねない。一例を挙げると、癖のない素直な馬でも手綱さばきの下手な者が乗ると、癖がいっぱい出てくるのと同じである。

古の聖帝堯舜の治世下では、聖人は天子の位にまで昇った。そして、聖人に次ぐ大賢人は宰相となり、その次の賢人は諸侯となり、そのまた次の君子は卿大夫や士となり、痴愚・不肖は農工商に従事する庶民となった。そうやって、上は天子から下は庶民に至るまで分相応な位につき、それぞれの仕事に精を出しながら孝悌忠信や五倫の道に一途に尽力し、心には邪悪な念を微塵も抱かず、小さな不義に手を染めることもしないから、世の中には一人の悪人も現れなかった。「堯舜《ぎょうしゅん》の世、比屋《ひおく》封ずべし」（聖帝堯・舜の治世下では、どの家の者も諸侯に命じられるくらいの善人だった）と『漢書』（王莽《おうもう》伝）が書いたのがそれだ。ただし、そのように善人ばかりだったとしても、精粗・大小・貴賤の差異はある。つまり、聖賢は善人の中でも精で尊く、痴愚や未熟者は粗にして卑しいとする見方だ。

別の例でいうと、金も銀も銅も鉄も同じ金属だが、これらにも精粗・貴賤の別がある。金銀は金属の中でも精で尊く、銅鉄は粗にして卑しいという位置づけなのだ。こうした喩え話をよく実感することで、「人は皆、善人ばかりで悪人はいない」という人間本来のありようについて熟考することだ。

※天命の本然　朱熹が編纂した『中庸或問』に出てくる言葉。

良知良能

【問】 痴愚・未熟者（愚痴・不肖）も悪人ではないといわれるが、にわかには信じられません。もしそうであるなら、どのような人間を悪人というのでしょうか。

【答】 用語説明が後になってしまったが、「痴愚」とは聖賢のような知恵がない者をいう。また、「未熟者」は聖賢のような才能には届かない者だ。だが、痴愚・未熟者であっても※「良《りょう》知《ち》良能《りょうのう》」は備わっている。この良知良能を失わない限り、痴愚・未熟者も善人と同類である。痴愚・未熟者を即悪人とみなす道理はないのだ。しかし、才能のある者もない者も、知恵の働く者も働かない者も、日々の暮らしの中で心身の邪欲に溺れて「本心」（天然の心）に付随する良知を失ってしまったら、「悪人」と一般にいわれる。だから、たとえ才能や芸能が優秀でも、邪欲が深くて良知が暗い者は悪人なのである。

『論語』（泰伯篇）に「子曰く、たとえ周公のような優れた才能があったとしても、人柄が高慢で吝嗇《けち》くさかったら、それ以上、知る必要はない」（子曰く、如《も》し周公の才の美有るとも、驕り且つ吝《やぶさ》かならしめば、其の余は観るに足らざるのみ）と書いてある。聖人のこの教えからよく学び取らないといけない。だが、世間の見る目は違う。才智・芸能に長けてさえいれば、その者の心の正邪を考慮することなく君子として認めるが、才智・芸能に見るべきものがないと、小人（つまらない人間）と見下し、小馬鹿にするのである。そういう風潮を考えると、痴愚・不肖を悪人とみなす誤解も、あながち的外れではないのかもしれない。

※良知良能　『孟子』（尽心上篇）に（人には、学ばなくても身につけている〈良能〉と呼ぶよくできる能力がある。と同時に、あれこれ考えなくてもわかっている〈良知〉と呼ぶ知恵もある）（孟子曰く、人の学ばずして能くする所の者は、其の良能なり。慮《おもんぱか》らずして知る者は其の良知なり」。孟子は、良知を誰でも持っている「是非の心」と考えた。だが孟子の「性善説」では悪人を説明できないと考えた朱子は、人に生まれながら備わっている先天的な善を「本然の善」、後天的に備わる善を「気質の善」と名づけて区分した。その後、王陽明が現れ、『大学』の「致良知《ちりょうち》」と解釈した。

易学とは何か

【問】さきほど「易学」といわれましたが、それは蓍《めどぎ》（卜占《ぼくせん》の道具）や本卦《ほんけ》などという占いのことですか。

【答】それも易学の一種だが、ここでいっているのはそれではない。『易経』に記された神道を悟って、自分自身の血肉とする工夫を述べている。易学は、「韋編三絶《いへんさんぜつ》」という名句が残っているように、聖人の孔子でさえ書物を綴じた皮ひも（韋《い》）が三度も切れるほど繰り返し読んでいるのだから、よほど熟読を重ねないと表面的なことすら会得できない。儒書のことはいうに及ばず、天地の間にあるどんな事物でも『易経』の神理に網羅されていないことはなく、また『易経』の理からはずれる事物はないのだ。

※『易経』の理　『易経』の「繫辞《けいじ》下伝」に「易は広大だ（中略）広大さは天地から知ることができ、変通は四季から知ることができ、陰陽の働きは日月の運行から知ることができ、易の働きは至徳に見ることができる」（夫れ易は広し大なり。（中略）広大は天地に配し、変通は四時に配し、陰陽の義は日月に配し、易簡の義は至徳に配す）とある。また「繫辞上伝」に「易の書は広大で、どんなことも書いてある。天道があり人道があり地道がある。天地人の三才には陰と陽の二つ

がある。よって六つだ。六とはほかでもない三才の道だ。道には変動がある。よって、交わるを意味する爻という」（易の書たるや、広大悉く備わる。天道あり、人道あり、地道あり。三才を兼ねて之を両にす。故に六なり。六とは他に非ざるなり。三才の道なり。道に変動あり。故に爻と曰う）。

福善禍淫

【問】天道は「福善禍淫《ふくぜんかいん》」といって、善行をした人には福を与え、悪行をした人には禍を与えるとのことですが、現実はというと、善人でも運に恵まれなかったり、禍に遭うことがあったりし、その一方で、悪人が運に恵まれてむしろ幸福になる者が多いのは、どういう道理に基づくのでしょうか。

【答】よいところに目を向けた。そういうことは、易の理をよく知らないと理解しがたい。天道は宇宙を支配する原理であり、陰と陽が活発に流行（運行）して天地の万物を生み育てている（天道流行して造化発育）。その「賦与《ふよ》の分数」（天から与えられた生まれつきの運命）を「命」と名づけた。天と地の間にあふれている声・色・貌《かお》・象《しょう》（像）を備えたものには、例外なく生まれ持った一定の運命（分数）というものがあるのだ。

したがって、人生で直面する境遇、吉凶、禍福、一飲一食に至るまで、ことごとく天の命でないものはない。何もかもが「天道の流行」（天の道理があまねく行われること）の結果ではあるが、その命には「本末・正変（正統と異端）」の別がある。そして、その正変には「虚実」間のせめぎ合いがある。

そもそも、人の富貴・貴賤・長命短命といった分数は皆、生を資《う》（受）けた瞬間から始まり、母親の胎内で育つ十ヵ月間に決定される。胎内で育つ間の年月日時に「陰陽」（二気）と「五行」（木火土金水の五つの根本要素）が作用して成長・収蔵という過程が営まれ、季節による五行の勢いの強弱変化によって「王《おう》・相《そう》・死・因・老《ろう》」（勢いの強い順）と呼ぶ気がさかんに入り混じって胎児が成長していくので、人それぞれの運命が異なるのである。しかも、それらに善悪応報による人格感化といった要素も入り混じるので、良い運命だけが集まって誕生することにはならない傾向が強い。

そういうわけで、人生模様は、徳はあるが才のない者もいれば、才はあっても徳がない者もいるし、才徳を兼ね備えていても貧賤な者もいれば、富貴であっても徳のない者もいる。貧賤であっても何の憂いもない者がいるかと思えば、富貴であっても憂いが多い者もいる。また若い頃は幸福でも老いてから不幸になった者もいれば、若い頃は貧賤でも老いてから富裕になった者もいる。賤しい身分に生まれても貴人の位に成り上がった者もいれば、貴い身分に生まれても賤しい身分に落ちぶれた者がいる。貧賤で長寿に恵まれた者もいれば、富貴で短命に終わった者もいる。

実に十人十色、さまざまな人生模様が展開されており、簡単に語り尽くせるものではない。そうした運命は、虚か実かでいうと、目に見える形を伴って生まれついたという点では「実」である。それに対し、『易経』（洪範篇《こうはん》）にいう「五福六極《りっきょく》」※（五つの福と六つの禍）は、身体が成長し、大人になってからの心の持ちようや身の行いの善悪の程度に応じて、理によって諭《さと》し導き、威によって懲らしめる天の命が働くので、気の変化であり、「虚」である。この「虚実の理」についてまず理解を深めないといけない。

※**五福六極**　『書経』（洪範篇）に「五福は、一に曰く寿、二に曰く富、三に曰く康寧、四に曰く孝徳を攸《おさ》む、五に曰く終命を考《ま》つ」。「六極は、一に曰く凶短折、二に曰く疾、三に曰く憂、四に曰く貧、五に曰く悪、六に曰く弱」。

五福六極

【答（続き）】　さて、福善（善人には良いことが起きる）によって得られる幸せを「五福」といい、五つある天道はこの五福を善人に与える。一つめは「寿」で、命が長いことをいう。

二つめは「富」で、財宝がいっぱいになることをいう。三つめは「康寧《こうねい》」で、何の憂いもなく、心安らかなことをいう。四つめは「攸好徳《ゆうこうとく》」（好むところは徳）で、明徳を明らかにして天理の「真楽《しんらく》」（真の楽しみ）をゆったりと享受することをいう。つまり、孔顔《こうがん》（孔子と顔回）の楽しみ方がこれだ。五つめは「考終命《こうしゅうめい》」で、天寿をまっとうし、天の正しい道理に従って死んでいくことをいう。以上の五つが「五福」である。

一方、「禍淫」（悪人に禍が起きる）による六つの禍を「六極」といい、天道が六極によって悪人を懲らしめるのである。その六極の一つめは「凶短折《きょうたんせつ》」。凶短折の「凶」は悪逆非道で犬死するという意味であり、「短」「折」は天道が定めた命の年数（天寿）よりも前に死んでしまうことをいう。二つめは「疾《やまい》」（疾病）。三つめは「憂《うれい》」（憂慮）。四つめは「貧《ひん》」（貧窮）。五つめは「悪《あく》」（剛悪）だ。これは「自暴《じぼう》」といって、生まれつきの〝剛悪〟（剛強な悪）で、欲が深く、仁孝の儒道を譏り馬鹿にし、あるいは悪逆を行うことをいう。六つ目は「弱《じゃく》」（柔悪）。これは「自棄《じき》」といって、生まれつきの〝柔悪〟（柔弱な悪）で、仁孝の儒道はよいものだと思っても実行に移せなかったり、臆病で欲も深く、不義無道な振舞いばかりやる畜生にも劣る柔弱な者をいう。

五福六極の説明は、『書経』（洪範篇《こうはん》）に出ている。天道が五福六極によって善悪を正すことは、いってみれば、春は暖かで、夏は暑く、秋は涼しく、冬は寒いというようなもの。

昔も今も後の世も、ずっと変わることのない霊妙な道理である。

しかし、善人でも五福の恩恵に与《あずか》ることができなかったり、悪人なのに六極を回避できる事態が起こるのは、「天の時は地の利に如《し》かず」（『孟子』公孫丑《こうそんちゅう》下篇）といって、虚（天）は実（地）に勝てない決まりがあるからだ。虚実の違いで説明すると、天が司る五福六極は「気」に属し、虚である。それに対し、受胎した母親が授かった新たな命は「形」のあるものに属し、実である。虚である五福六極が生前の悪人に勝てない理由はそこにあるのだ。

※凶短折　永久歯が生える七歳以前に死ぬのが「凶」、元服して冠をかぶる二十歳以前に死ぬのが「短」、妻を娶る年齢とされた三十歳以前に死ぬのが「折」。中江藤樹は三十歳で結婚した。

※自暴自棄　『孟子』（離婁上篇）に「自ら暴《そこな》う者は、ともに言《い》えることあるべからず。自ら棄つる者は、ともに為すことあるべからず」（自分で自分を駄目にしている者とは語り合えないし、自分で棄てばちになっている者とは仕事を共にできない）

※天の時は地の利に如かず〈地の利は人の和に如かず〉　天の時（季節・天候・昼夜・時間など）がどんなによくても、地の利（地形・城砦・堀割など）にはかなわない。〈地の利は、人の和にはかなわない〉。

虚と実

【答（続き）】 虚と実を具体例でもっとわかりやすく説明すると、六月の土用の頃はとても暑く、単衣《ひとえ》の帷子《かたびら》（夏の麻の着物）を着ても辛く感じるが、悪寒《おかん》を覚える病気の人は綿入れを重ねて着てもまだ寒く感じる。また、十二月の大寒の頃には重ね着をして火にあたっても暖かく感じないのに、高熱を出した病人は肌脱ぎ（腕を着物の袖から抜いた上半身裸の状態）になってもまだ暑いと感じる。普通の健康な人が感じる暑さ寒さも、病人の感じる暑さ寒さも同じはずなのだが、暑さ寒さは「気」に属しており、「虚」なのである。しかし、悪寒を感じたり高熱を出したりする病気は「形」に属しており、「実」なので、「虚」の「寒暑の気」は「実」の「気である病邪」に勝てないという論理である。

昔、中国一の大盗賊といわれた盗跖《とうせき》という者がいた。その悪逆無道ぶりは増長するばかりで、人間を鱠《なます》にして食べたほどだったが、無病息災で長生きし、前々から盗み取った財宝がたくさんあって、年老いてからも楽々暮らした。ちょうど同じ頃、孔子の弟子に顔回という者がいた。顔回は、三千人もいた孔子の弟子の中で抜群無類といわれた大賢人だったが、〝箪瓢陋巷〟を絵に描いたような貧しい暮らしぶりをし、不幸で短命だった。

盗跖と顔回の二例から受ける疑念に惑乱されて、古来、根拠の乏しいさまざまな仮説が数多く現れた。運命の勢いの違いが二人の間にそのような大差をもたらしたことを知って、万古不変の天道に疑いを抱き、「福善禍淫にまつわる出来事は信じがたい」などというのは、喩えていうなら、六月の土用に重ね着する病人を見て「夏が暑いというのは嘘だ」といったり、十二月の大寒に肌脱ぎになってもまだ暑がっている病人を見て「冬は寒いというのは正しくない」というようなもので、何とも情けない考えである。

この暑さ寒さの道理は、低レベルでわかりやすいから迷う者はいない。だが、福善禍淫の方は、道理は同じでも、高レベルで理解しづらいから迷うのだ。わかりやすいところから入って思索し、深い神理を悟るようにするとよい。

病人の話の続きだが、悪寒がして発熱した病状がおさまり、体調が回復すると、健康な普通の人のように暑さ寒さを感じるものである。それと同じで、運勢が衰退し、天から与えられた命脈の持ち分（分数）が尽きると、悪人は必然的に六極から逃れられなくなり、善人は五福を受けられるようになる。したがって、盗跖は、無病息災で長生きして暮らせたように見えるが、おのずと六極のうちの〝剛悪〟に陥って『中庸』の説く「至誠無息の神理」を失い、いつの世になってもその悪名はとどろき渡り続けたのである。このことから考えても「六極応報《おうほう》」は明白ではないか。

長在不滅の神理

【答（続き）】一方、顔回は、〝箪瓢陋巷〟の質素な暮らしを送った不幸短命な人だったとされているが、実は、五福のうちの「攸好徳」を授かり、「真楽」という大きな福（介福《かいふく》）にも恵まれて、「※長在不滅《ちょうざいふめつ》の神理」も明らかとなり、万世にわたってその徳は知られるのである。しかも、死後（玄宗開元二十七（七三九）年）に爵位（兗國公《えんこくこう》）を追贈され、孔子廟に四賢（曾子、子思、孟子）の一人として祀られた。このことを見れば、天が顔回を五福へと向かわせたという理は自明ではないだろうか。

運命の勢いに乗ると、一時的には福善禍淫の常とは異なるように見える出来事も、結局は真実の本質へと向かい、ついには天命本来の姿へ立ち返るものなのだ。このことを『史記』（伍子胥《ごししょ》伝）は「人の勢力が多大なときは一時的には天に勝つが、天理がまた定まれば人に勝つ」（※人衆《おお》き者は則ち天に勝ち、天定まって亦《また》能《よ》く人に勝つ）と表現している。

五福の中の「攸好徳」を受けると、残る四福はそこに含まれる。明徳がすでに誰にも知れわたっているなら、まさに至誠無息・長在不滅（最高の真心が片時も羽を休めることなく、永久不滅な神理へと昇華している）。それ以上の長寿はないではないか。大富貴な身分となって小富貴だった頃を忘れたとしても、それはそれでまた無上の富貴といえよう。一時的な憂いに陥っても、それが苦痛に転じて心に定住するようなことさえなければ、心の康寧《こうねい》（平穏）は事柄の康寧《こうねい》（無事）よりも勝っているといえる。「考終命」に徳があることはいうまでもないから、このことから「福善の極意」を会得するとよい。

六極のうちの「悪弱の凶徳」を受けた場合は、残り四つは皆、そこに含まれている。もし至誠無息の神理を失ってしまうと、たとえ運よく短命を免れて長生きできたとしても、「凶短折」であることに変わりはなく、欲には限りがなく、ひたすら貪るだけで、出し惜しみすることばかり続けていると、目に触れ、耳に聞こえること全部が苦しみの種になってしまったら、たとえ憂いがなくても心は穏やかではない。このことから「禍淫の極意」を会得するとよい。五福の五つめに「攸好徳」を説き、六極の最後に「悪弱」を説いた極意をじっくりと体察することだ。

※長在不滅の神理　明代の学者・詩人の陳献章《ちんけんしょう》（陳白沙《はくさ》）の詩の一節に「神理は天地万物の本《もと》なり。長く在《あ》りて滅びず。人は此《こ》れを知らず。空しく生き、浪《さすら》いて死す。與《とも》にするは草木一《ひとつ》のみ」（神理為天地萬物之本。長在不滅。人不知此。虚生浪死。與草木一耳）。顔回は短命だったが、「至誠無息の

神理」を体現した生き方をし、死んでも「長在不滅」「長生不滅」となったと藤樹はいうのだ。

※**人衆《おお》き者は則ち天に勝ち、天定まって亦《また》能《よ》く人に勝つ**　楚王に父を殺されて呉軍に転じた伍子胥（政治家）は、楚王の墓を暴いて屍を三百回ムチ打った。それを知ったかつての僚友（申包胥《しんほうしょ》）が使者を送って戒めた言葉。「屍に鞭《むち》打つ」という格言はこの故事に基づく。

下巻

利の章〔下巻之本〕

学問は武士の仕事

【問】　世間では「学問は〝物読み坊主衆〟（仕官するために僧侶でもないのに頭を丸めた儒者）とか出家がやることで、士がやることではない。学問ばかりする人は軟弱で武芸の役には立たない」などといっていて、学問に励んでいる士がいると、かえって非難しています。このような間違いは、どのような迷いから起こることなのでしょうか。

【答】　それは、今の世の中で贋の学問ばかりがちやほやされ、風俗も悪く、人々の心が汚辱にまみれているせいで、書物を読むことだけを学問と思い込み、そのような迷ったことをいうのだ。そもそも学問とは、汚れた心を清め、身の行いを正しくするのが本来の姿である。まだ文字がなかった大昔は、読むべき本そのものがなかったから、ただ聖人の言行を手本として学問をした。それから時が移り、学問本来の意義が失われてしまうのを憂慮して書物というかたちにして学問の手本としたのだ。以来、今に至るまで、本を読むことを「学問入門」としてきたのである。

心を清らかに保って汚れないようにし、言行を正しくするにはどうすればいいかと思案し工夫を重ねる人は、たとえ書物を読まず、一文字も理解できないとしても、学問をしている人といえる。それに対し、自分自身の心を明らかにせず、身を修めるための思案も工夫もしない人は、たとえ昼も夜も「四書五経」を読んだとしても、学問に励んでいる人とはいわない。この真の道理を十分に理解しているなら、その手の誤解は笑止千万と思えるだろう。心がうすぎたなく穢《けが》れ、身の行いにもよこしまなところがあれば、凡夫からも「犬畜生」と小馬鹿にされかねない。「本物の学問を志そうとしない者は、真の人間ではない」と考え、恥ずかしく思わないといけない。

「学問なんかしない方がいいんだ」という人がいたら、面と向かって「あなたは、犬畜生のような悪人だ」と悪口をいえば、差し違えるつもりかと思えるほど怒り狂うだろう。その逆に「あなたは、心が潔く礼儀作法の正しい君子のようだ」と褒めたなら、間違いなく満面に笑みを浮かべ、喜ぶだろう。そういった場面で「学問などしない方がいい」というのは、実はその人の真意ではない。学問本来の正しい意味を知らないだけで、書物を読むことだけが学問だと誤解しているのだ。あるいは「学問は武士のする仕事ではない」というのはもっと愚かな考え違いであって、相当深い迷いに陥っているはずである。

具体的にいうと、心を明らかにし、正しい礼儀作法を心がけ、文武両道を兼ね備えられるように考え工夫するのが本物の学問なのだ。そうやって自分自身の心を明らかにして礼儀正しく振る舞い、文武両道を兼備した人を立派な士として認めることは、世間で広く理解されていることである。したがって、学問は士のなすべき技《わざ》であり、やるべきであることはいうまでもない。

学問は軟弱ではない

【答（続き）】　さらにいうと、「学問をする人は、軟弱で武道の役には立たない」という者は、「学問の本意」というものが理解できずに迷っているだけではない。文章を読むのが苦手な武士は、文芸の素養がある他者を嫉妬し、自分に教養がない恥を隠そうとごまかすところがある。これといった理由のないよこしまな考えだ。たとえ本物の正しい学問を志さず、文芸だけを習ったとしても、それが武芸の妨げになる道理などどこにもない。

そのわけを説明しよう。源義経と弁慶の君臣は、ともにその時代の武士と比較して文芸に秀でていたが、そういった連中に一度たりとも武芸の道で後れを取ったことはなく、後々まで犬に石を投げつけて遊んでいる悪童たちでさえ「武芸のお手本は義経・弁慶の主従」と聞き覚え、口にもしている。文章が苦手な侍衆は、義経や弁慶の爪の先ほどでも見習うなら、良い評判を得られるのではなかろうか。

自分は文芸は苦手だと自慢するようでは、良い武士とはいえない。文盲な者が武芸に秀でているというのであれば、田を耕し、草を刈る農夫とか、山で薪を取っている農夫とか、乞食などのような文字も読めない者たちが、最も武芸に優れていることになる。だが、果たしてそのような者たちが誰でも腕の立つ武芸者といえるだろうか。こういった喩え話は、切実には聞こえないかもしれないが、今の時代の人は迷いが深く、普通の喩え話では心の眠りが覚めにくいので、声を大にして呼び覚まそうと訴えているのである。

学問から学ぶ「仁義の勇」

【答（続き）】　前にも論じたように、どのようにするのが武芸に秀でることで、どのようにするのが劣ることになるかなどと評するのは、好き勝手な間違った言いぐさといおうか、先入観に左右された融通のきかない愚かな見方によって陥った迷いでしかない。文芸の心得がある人の中には、義経や弁慶のように武芸にも秀でた者もいれば、武芸が苦手な臆病者もいるのだ。だがその一方では、文盲な人の中にも武芸に臆病な者はいるし、勇気のある者もいるだろう。ただ、勇気のある者が武芸に秀でていると知ることだ。要は、古今の例をよく考え、学問が武芸の妨げになると思うような〝腐った根性〟について推察すべきだということである。前にも論じたように、本物の学問に励み、悟りを得るような域に達したら、「仁義の勇」がおのずと明らかになり、武芸も必ず上達するものなのである。このことも、師と学問の仕方についてよく検討すべき課題だ。

『中庸』に次のような一節がある。

「人は一之《ひとたびこれ》を能《よ》くし、己《おのれ》は百《ももたび》之をす。人十《とたび》之を能くすれば、己は之を千《せんたび》す。果たしてこの道を能《よ》くし、愚《ぐ》なりと雖《いえど》も必ず明らかなり。柔《じゅう》なりと雖も必ず強し」

この聖人の教えの意味は、「天地の神の道を厚く敬い、〈明徳〉を明らかにするための工夫を励行する努力を重ねるなら、必ずや悟りを開き、たとえ生まれつき愚かで迷い深き者であっても、生まれながら誰にも備わっている〈良知〉と呼ぶ正しい心が明らかになる。たとえ生まれつき軟弱で武勇が二流の者であっても、生まれながら本心に宿っている〈仁義の勇〉が確実に明らかになり、武芸に秀でるようになる」という意味である。

仁者に勇あり

【答（続き）】『論語』（憲問篇）は、こう記している。

「仁者は必ず勇有り。勇者は必ずしも仁有らず」（人格者には必然的に勇が備わっているが、勇者が必ずしも人格者というわけではない）。

この聖人の教えの意味は、こうだ。儒道をよく学んで仁者の位にまで到達できたなら、人欲はきれいさっぱりと消え失せて天理（天の道理）が行き渡るので、どんなに恐ろしげな妖魔とか虎狼などと鉢合わせしても、ごく普通の人が犬や猫と出会ったときのように驚いたり脅えたりすることはない。たとえ百万もの敵と出会い、無数の剣が待ち構える真っ只中や猛火の中に飛び込んでいったとしても、少しも平常心を失うことはなく、驚いたり恐れたりすることもまったくなく、無類の勇気を振るうであろうことはいうまでもない。

明徳はまだ明らかではないが、生まれつき勇を備えている者を「勇者」という。この勇者も、もともと死を恐れず、物事に怯《おび》えたり驚いたりしない。その点は仁者の勇に似ているが、欲への迷いが深いために「明徳の良知」というものを理解できずにおり、義に反し道に外れたその言動は畜生にも等しく、「天徳の仁」（誰もが天から授けられ、生まれつき具有する仁の性）を失わせることになる。

生まれついての勇者は、本物の儒学に励むことでその勇を「仁義の勇」へと高め、生まれつき勇のない者もまた、本物の儒学に励んで、人として本心に備わった「仁義の勇」を明らかにせよと教えるという意味である。そうした聖人の教えを謙虚に体得して武芸をたしなもうと心がける武士は、志があるといえる。そもそも、軍法、軍礼、武芸のたしなみ、武士の作法の掟は、どれも儒道の一つで聖人が定めた天理であるから、武士たる者がそれを譏ったり、儒学をするのは武士のやるべきことではないなどというのは、実に物事を知らない最低の行為であり、恥を知らなければならない。

『論語』読まずの『論語』読み

【問】心を明らかにし身を修めようと思って工夫する人は、文字を一つも知らなくても学問する人だと先生はいわれましたが、世間で「『論語』読まずの『論語』読み」と言い慣わしているのも、道理に適ったことなのでしょうか。

【答】そのことは、どう心得るかにかかっている。「『論語』読まずの『論語』読み」というのは聖人のことだ。孔子は『論語』を読んではいないが、『論語』に記された一部始終はすべて孔子の言行であるから、「真の『論語』読まずの『論語』読み」は孔子だ。

一方、聖人よりも位が下に生まれついた者には、偏った習慣が必ず身についており、書物を読まずに道徳に通暁してそれを実践することは難しい。したがって、大賢といわれている非常に賢明な人よりも下位の者をあれこれいう道理はないのだが、世間には「『論語』読みの『論語』読まず」がたくさんいるので、そういう人たちを戒めるための仮説だと思ってもらいたい。「心を明らかにして身を修めようと考え、工夫を重ねている人は、書物を一字も読まなくても学問する人だ」というのも、学問本来の意味を明らかにすることでエセ学問を退けようとするための仮説である。

だが、その仮説を「真実の格言だ」と勘違いして、誤った習慣で染みついた汚れた気持ちで心を明らかにし身を修める工夫をして、それが「聖学だ」と思ったら大間違いだ。心を正しく保って修養に励み、文武両道を兼備しようとする志がある武士は、たとえ書物を読まなくても、儒学の先覚者に従って、真実の本心を明らかにし、よくない習慣のけがれを洗い落として、工夫する心の目を開かないといけない。

故事「守株」

【問】「株《くいぜ》を守る」というのは、どういうことをいうのでしょうか。

【答】　真の道理を知らないで、表面的なことや目先のことばかりを計算高く考えて、愚かで浅ましい思い込みをすることを「守株《しゅしゅ》」（切り株を守る）という寓話に喩えたのだ。その昔、ある樵《きこり》が山中の田んぼで野良仕事をしていると、山頂の方から駆け下りてきたウサギがすぐ近くにあった木の切り株にぶつかり、鼻を打って死んだ。その光景を目撃した樵は、こう思ったのである。「これはまた、稀にみる不思議な出来事！　この切り株はウサギ捕りの最高傑作だ」と。樵は、そのウサギを家へ持ち帰り、以来、暇になると切り株の近くへ出かけて行っては、ウサギがぶつかってくるのを終日見守っていたという。

この樵の迷いと似たようなことをしている者が世間には多いので、寓意を込めた話をつくって凡夫の迷いをあざ笑ったのである。とりわけ、これによく似た大きな迷いは、運に恵まれて富貴になったのに自分の知恵や才覚でそうなったと過信し、あるいは、運に恵まれず貧賤になったのに自分のせいだとは思わず、親のせいにしたり他人に文句をいったりして天を恨んだりすることで、誰にでもよくある迷いである。

幸運が味方して富貴になるのは持って生まれた運命であって、自分の力が成し得たことではない。幸運に見放されて貧賤になるのも生まれながらの運命であって、親が悪いわけでも他人のせいではなく、ましてやお天道様の誤りでないことはいうまでもない。

また、武芸とは、芸のあるなしとか外見的な軟弱さといったものとは関係がなく、ただ心の勇気のあるなしが大きく関わってくるだけなのだが、心に迷いが生じて愚鈍になっていると、何かの芸を身につけた者が武芸をするとその芸を巧みに利用していると思い違いをし、芸がない者が武芸をすると無芸文盲なことをすると思い違いをする。あるいは、見てくれが軟弱そうな者が武芸をすれば、軟弱な武芸をすると考え、見てくれがごつい者が武芸をすると、ごつい武芸になると思い込むなど、実にあれこれと取り沙汰する。

木の切り株でウサギが捕れないことはわかりきった道理であり、それくらいのことは誰でも知っているから迷う者はいないが、富貴と貧賤、勇気と怯えといった道理となると理解しづらいから身分の高いお歴々も迷ってしまうのである。そんなわけで知っておくべきことを寓話にすることで、難解さから生じる迷いを戒め、わかりやすく説いたのである。

中国の武将について述べると、無芸文盲の者は百人に一人もいない。だから、大きな戦功をあげた大将軍や腕の立つ武将は皆、芸能の心得があるのが普通だ。しかし、日本の武士には無芸文盲の者が多く、武芸の腕が立つ武士のほとんどは文学・芸能の素養がない。

一方、芸能で身を立てている者は、口でいっているほどの腕前はなく、芸を口実としている。「物読み坊主衆」と呼ばれている者は、出家や医師などを真似て長い袖の衣服を着て、「武道はわれらがやるべきことではない」といって応対している今時の風俗だ。そのような風俗を見習うだけで中国のことを知らずに「無芸文盲は武芸の腕が立つ」といって

「守株」の故事を云々するのは、果たしてもっともなことといえるだろうか。

似非学問は怖い

【問】学問は素晴らしいものだ。しかし、「学問の多くは不要だ」という人が多い。私もそのように思うのですが、どうなのでしょうか。

【答】そう感じるのは、本物ではない学問を好み、気だてや行儀作法のむさくるしい人がいるのを見て、そのように誤った受け取り方をするのである。そのことを喩えていうと、家が火事になるのを見て、「火は良いものではあるが、用いるのは少しにした方がよい。多くは不要だ」というようなもので馬鹿げている。本当の学問は、いってみれば、食物を煮るときの火や灯火のようなものであって、少なすぎては役に立たない。

一方、〝似非《えせ》学問〟というのは、家を焼き尽くす火のようなものなので、たとえ弱い火であっても禍いを引き起こす。似非学問をしている人を見て、本当の学問を忌み嫌うというのは、家を焼く火を見て、食物を煮る火や灯火を嫌うのと何ら変わらない。この喩え話からよく理解してもらいたい。

学問の工夫

【問】学問という名称は一つなのに、そうした大きな違いが生じるのはなぜですか。

【答】本当の学問とは、私心を捨て、義理を貫き通し、慢心しないように心がけながらしなむことを工夫の主眼として、親には孝行をし、主君には忠節を尽くし、兄弟間では悌恵を極め、友人との交友では隠しごとをせず相手を信頼し、「五典」を第一の務めとする。だから、少しでも多く実践すればするほど、気だても礼儀作法も次第によくなっていく。ただし、表面的なことを学ぶだけで修得しないでいると何の役にも立たない。

それに対し、似非学問というのは、博学になることを栄誉と考えるばかりで、自分より優れた人を妬み、高慢な心のままに自分が高名になることだけを考えて行動し、孝行も忠節も心がけず、ただひたすら記誦詞章の芸だけの修得に励むので、多く学べば学ぶほど気だてや礼儀作法はどんどん悪くなっていく。聖賢（聖人・賢人）より下の位に生まれついた人で、高慢という邪心のない者はいない。世間で悪逆無道を働く者、狂人、普通ではない者らは皆、慢心が原因でそうなっているのである。その慢心という邪心が魔境や畜生道へと陥れる道案内になると自分自身を戒め、用心してかからないといけない。

ところが、似非学問には、慢心を高じさせる方法がいくつもあるので、それを捨て去る工夫を心がけないでいると、いつのまにか邪道に入り込んでしまうことは明らかである。

魔界に陥るなかれ

【問】魔境へ陥るとは、どのようなことをいうのでしょうか。

【答】ある者は似非学問にふける。またある者は学問はしないが、暗闇に魔物がやってくるので慢心する心が堅牢になり、枝葉が伸び繁って異風と化してしまう。また、人を「生ける虫」とさえ思わず、世の中に自分を超える者などいないと思い込んで、他人を認めようとしない高慢な雰囲気を漂わせながら、両親や親方の馬鹿さ加減をさげすみ、小馬鹿にする。主君の悪口はいうし、朋友を嘲笑して孝悌忠信の正しい道を妨げ、邪魔することに喜びを見出して悪魔と気脈を通じる。そういったことを「魔境に陥る」というのだ。生まれつき利口で無欲な感じの者に、この種の病が多い。

偽りの学問

【問】偽りの学問をする人には、世間との交わりを面倒がって閑居を好んだり、あるいは鬱病者のように引きこもったりする者が見られるのは、どうしたことでしょうか。

【答】　それこそが「魔境に陥る」ということなのだ。高慢へと誘《いざな》う魔心が深いために、何の非もない世間に非があるかのように錯覚し、親兄弟のすること、主君の取り計らい、朋友の言動などを、どれも根拠のない出鱈目《でたらめ》だと自分に言い聞かせるので、右を見ても左を見ても自分の心に叶わないことばかりになってしまい、世間と交わるのを嫌がり、ひとりでいることを好むようになると考えるべきであろう。

文字がない時代にも聖人はいた

【問】　真の学問は書物を読まなくてもできると承っていますが、覚えにくい書物を読んだり講釈を聴いたりすることは難しいから必要ないのではとも考えているのですが――。

【答】　まだ文字が発明されていなかった大昔には書物がなかったから、聖人の言行を手本として学問に励んだのだ。大古の聖王である伏義《ふくぎ》（「ふっき」とも）が易の書物をつくり、文字が始まって以降は、書物を読んでその本意を理解して心の鏡とし、学問に励んだのだ。

やがて、書物の数も増え、孔子の時代には「六経《りくけい》」（易経、書経、詩経、春秋、礼記、楽記の六部の経書）が全部揃った。孔門の教えは、文、行、忠、信の四つである。文は「六経」

の文を指す。行は、本性に従う道の行いである。忠信は慢心の心根を断ち切って、誠の道を求め、明徳を明らかにする工夫努力である。その四つには、本末衡鑑《こうかん》の区別がある。忠信は根本。行は、その根本から生じた幹や梢。文は忠臣と行の鏡である。「六経」の書物を読み、そこに書かれた意義や本質を明らかにして鑑（手本）と定め、根本幹梢の工夫によく努め、明徳という宝珠を磨くのである。聖人がいて直に教えた時代でさえ、こうである。ましてや、聖賢のいない末代に鑑と定める「聖経賢傳《せいけいけんでん》」（聖賢の書）を捨て去って講じないようにし、暗愚で迷った心のままに学問をした方がよいなどというのは、灯火を捨てて暗室で物を探すようなものだ。

「真の読書」とは

【問】 上は天子から下は庶民に至るまで、誰もが学問なしではやっていけないと承っております。痴愚不肖の身分の賤しい男女が書物を読まない点はどうでしょうか。

【答】 古の聖人の時代には、「閭巷《りょこう》」といって、一戸数二十五軒の小さな里にも学校があって、その里の奉行や代官が先生となって、野良仕事が暇なときに読み書きを講義し、道を教えたので、痴愚不肖の身分の賤しい男女に至るまで、書物に記された本意をよく理解できたのである。文字を目で見て理解するのではないが、心の中で書物の本意を理解して言動や心のありようの手本にしたことは、今時の俗儒には真似のできないことだ。

文字を目で見て覚えることはできないが、聖人の書物の本意を間違えずに正しく理解してわが心の鏡とすることを「心で心を読む」といい、「真の読書」である。心で会得せず、ただ漠然と目で文字を見て覚えるだけのやり方を「眼で文字を読む」といい、「真の読書」ではない。自分自身の目で書物は読めない者でも、「聖経賢伝《せいけいけんでん》」（聖人の述作書と賢人が書き伝えた書）を深く信仰して、読み覚えた人に講釈してもらって、その本意をよく理解し、自分自身の心のありようや言動の手本とするやり方は、俗学の書物を直接読むよりずっと優れた読書法なので、身分の低い男女でも、書物を読まなくても読んでいるといえるのだ。今時、世間で流行っている俗学はどうかというと、「書物を読んでいながら読まない」のである。こうした極意をよく嚙みしめてほしい。

どんな本を読むべきか

【問】中国から伝わった書物の数は限りなくあるけれど、片っ端から読まないといけないのでしょうか。

【答】大変な考え違いをしている。読まなければならないという書物は「十三経《けい》」（経は「ぎょう」とも）のことだ。「十三経」を学ぶ入り口への梯子になる名儒の註釈書や「（武経《ぶけい》）七書」（兵法の『六韜《りくとう》』『孫子』『呉子《ごし》』『司馬法』『黄石公三略《おうせきこうさんりゃく》』『尉繚子《うつりょうし》』『李衛公問対《りえいこうもんたい》』）以外の書物は、読んでも得るところはない。それでも努力して読むと目は疲れ、心も疲れる。読むのは無駄と思ってかまわない。歴史書は、古今の事変を考え、「福善禍淫」の証拠となるものなので、余力があるときの慰めとして読むものと心得ておくとよかろう。

【問】「十三経」というのは、どれとどれでしょうか。

【答】『孝経』『論語』『孟子』『周易《しゅうえき》』『尚書《しょうしょ》』『周礼』『儀礼』『詩経』『礼記』『春秋左氏《しゅんじゅうさし》伝《でん》』『春秋穀梁伝《こくりょうでん》』『春秋公羊伝《くようでん》』『爾雅《じが》』。以上十三部を「十三経」と定めている。

【問】「十三経」も書物の数が多く、凡夫にとってはすべてを学ぶことは難しいように思えます。その中の一、二巻だけを学んで大綱を理解できるような書物はありませんか。

【答】『十三経』は『易経』の一部を押し広めた書物なので、『易経』をじっくり学ぶとよいだろう。ただし、『易経』は簡潔な文章で書かれているが、奥が深く霊妙な意味が込められていて凡夫には理解しがたいので、『孝経』『大学』『中庸』の心を心で読むという方法を取り入れてよく学べば、大綱が会得しやすくなる。この三書を学んでまだ余力がある者は、その力量と時間のあるなしに応じて『論語』と『孟子』を学ぶことだ。それでもまだ余力がある者は、「十三経」全部を学んだらいい。

「十三経」をすべて学ばなければならないと思うと、退屈になり、かえって怠る気持ちになるものだ。それから、三書以外は不要だと決めつけると、狭い範囲に固定されてしまい、明徳に備わっている生き生きとした妙味がかえって枯れたように滞る懸念がある。

そういった注意点も頭に入れておいて、ただ三書だけに的を絞って学ぶのだと決め、それ以外の書物は取り組む者の力量に応じて学ぶことを得心したら、揺るぎない志を立て、「心学こそが自分のやるべき仕事だ」と強く心に誓うことだ。そして、忠信を主とし、毎日の暮らしの中で学習を続け、その証《あかし》を求めるのである。急がず、心は広くゆったりと構えて、怠けたりしなければ、必ず悟りを開けるはずだ。悟りを開く時期の早い遅いは、生まれつきの資質の違いとか習熟の度合いが浅いか深いかで分かれる。

「血気の勇」より「仁義の勇」

【問】『孝経』『大学』『中庸』には武芸についての教えも書かれていますか。

【答】それら「三経」には、孝行を説き、忠節を説き、勇強を説いている個所がある。そこに書かれていることが真の武芸についての教えだ。だからこそ、孝行や忠節を尽くすために励み、振るう勇気を「武芸」と名づけたのである。孝行や忠節に背いて勇気を振るう者は、謀反人とか盗人の類いである。この道理はわかりやすいが、正しく理解している者は稀ではないか。謀反人を武芸者と褒めそやす今の風潮は、実に浅ましく嘆かわしい。

『礼記』（祭儀篇）に「戦陣に勇なきは孝に非《あら》ず」とある。賢人のこの教えの意味は、受けた恩には報い、義理を立てるのが「孝徳の感通」というものである。主君から受ける恩は、親から受けた恩に等しい広大な恩徳である。忠臣は孝子の門から出るものと相場が決まっているので、孝徳が明らかな者は、戦陣においては必ず存分に武芸の腕を振るって勲功を立てるはずだ。一方、日頃、孝行をし忠節に励んでいるふりをしていても、戦陣で武芸の腕を振るえなければ真の孝行とはいえないと戒め、励ますという意味が『礼記』の言葉に込められているのだ。

程子（宋代の儒者兄弟程顥《ていこう》・程頤《ていい》の尊称）は、兵学に『孝経』を取り入れている。そうしたわけは、恩に報い義理を立てることを知らない者は、生まれつき勇気が備わっていたとしても、主君の役に立たないどころか、かえって禍いをもたらしかねないからだ。よって、『孝経』を教え、恩に報い義理を立てようとする「人としての本心」を明らかにさせ、「血気の勇」（向こう見ずな勇気）を「仁義の勇」（仁義に裏打ちされた勇気）へと転じさせるように導くのである。その意味をよく理解し、孝行の要点を会得することだ。

「仁義の師」VS「強剛暴虐の師」

【問】『論語』（衛霊公篇《えいれいこう》）に、こんな一文があります。「衛の霊公、陣を孔子に問う。孔子対《こた》えて曰く、俎豆《そとう》の事は則ち嘗《かつ》て之を聞けり。軍旅《ぐんりょ》の事は、未《いま》だ之を学ばざるなり、と。明日《めいじつ》遂に行《さ》る」（衛の国の君主である霊公が、孔子に軍陣について尋ねると、孔子はこう答えた。『礼法についてては以前に習っておりますが、軍事に関してはまだ学んでおりません』。その翌日、孔子は衛の国を去ったのである）。このことから考えて、孔子は軍法（兵法）を知らなかったのではないかと私は疑うのですが、どうなのでしょう。

【答】とんでもない思い違いだ。どんなことにもいえることだが、特に戦争を起こして武力を用いるときに大事なのは、「心根《こころね》」と「時」である。まず「仁義の心」を根本に据えて、それに順応する「時」にふさわしいように武力を用いるやり方を「仁義の師《いくさ》」といい、これこそが真の兵法であり武術である。そういうやり方に対し、邪心欲心を根本に据え、それに順応する「時」に背いて武術を用いるやり方は「強剛暴虐の師《きょうごうぼうぎゃく》」（不屈の闘志で暴虐の限りをつくす戦闘）といって、盗賊や追いはぎの類いになる。

ところが、衛霊公は、無道であったがために戦争を好み、心ゆくまで「強剛暴虐の師」

を楽しんでみたいと考えて、孔子に軍陣を問うたのだった。そのような人に兵法を教えるのは、盗人に道を教えるのと何ら変わらない。『論語』（顔淵篇）にあるように「君子は人の善い行いは成就させ、悪い行いは成就させない。しかし、小人は、これに反している」（子曰く、君子は人の美を成す。人の悪を成さず。小人は是に反す）ので、孔子は衛霊公の悪心を戒め、本心をとり戻させようと考えて、「礼法は学んだが、軍事は学んでいない」と答えたのである。

「俎豆の事は」とは、そもそも「礼法」のことである。礼法は、大きく五つの礼（五礼《ごれい》）に分かれる。吉礼（神を祭る）、凶礼（喪葬）、軍礼（出陣・凱旋）、賓《ひん》礼（賓客）、嘉《か》礼（冠婚）の「五礼」である。このうちの「軍礼」が軍法だ。孔子がすでに礼法を学んだといった場合、軍法もよく心得ていることを意味し、わざわざ説明するまでもないのだ。

孔子が礼法と軍法を対立させて語ったのは、「仁を根本とする軍法」は学んではいるが、もっぱら殺戮に励むような「仁を欠く軍法」は盗賊がやることであるから、「まだ学んでいない」と答えたという意味である。聖人は寛容かつ温厚で、話し方も悠然としており、緊迫した感じがしないので、凡人が聞いても理解しづらいものなのだ。

ところで、衛の霊公だが、孔子の聖言を聞いて礼を問い、道を学び、それまでの邪心を翻意して明徳を明らかにした上で、改めて孔子に軍法を問うという姿勢であれば、孔子も

「千聖心傳」ともいうべき軍法の秘法を伝授したのだろうが、そういう聞き方ではなかったので、孔子はその翌日に衛の国を去ったのである。

聖人とは、誰の目にも明徳が明らかであって、天地とその徳を併せ持つだけでなく、太陽・月とその明（周囲を照らす明るさ）も併せ持ち、さらに文武をも兼ね備えた人のことをいう。孔子は初めから聖人なので、文武が兼ね備わっていたことは、いうまでもない。

明の尹商《いんしょう》が編纂した『武書大全』（将監篇《しょうかんへん》）は、次のように記している。

「孔子は、用兵における万世の師である」（孔子は兵を用ゆる萬世之師也）

「魯の宰相だった孔子が、夾谷《きょうこく》※の会盟で見せた態度は、実に正々堂々とし、五帝三王の威風があった」（孔子、夾谷之師《いくさ》堂々正々依然として五帝三王の風《ふう》）

このような格言をじっくりと吟味して、「神武《しんぶ》軍法」ともいうべき孔子の秘法をよく考えることだ。

※夾谷の会盟　紀元前五〇〇年、魯の定公《ていこう》は、対戦していた隣国の斉の景公《けいこう》と休戦、夾谷で会合した。孔子は魯の宰相として定公に随行。『論語』の朱熹集注序説に「定公を相《たす》けて、斉公《せいこう》を夾谷に会す。斉人、魯に侵地を返す」（孔子は定公を補佐して夾谷で斉の景公と会見した。その結果、景公が侵略した土地を返還したのである）。

名将の条件

【問】紙上の兵法をいくら読んでも、木馬を使った乗馬の稽古と同じで、実戦の役には立ちません。

【答】中国の名将は枚挙にいとまがないが、その名を広く世間に知られ、人の口の端に上る人物はというと、太公望、張良（漢の軍師）、韓信、項羽、諸葛孔明らということになる。これら五人の名将は、全員、若い頃は不幸せで、生活のための仕事をして苦労しながら書物を読んで学問に励んでいたが、戦場での武功はなかった。だが、やがて運がめぐってきて、初陣にして勝利を摑み取り、後世の手本となる比類なき名将となった。中国の名将は皆、こんな塩梅《あんばい》である。

日本でも源義経は、幼少の頃、京都の鞍馬山で兵法を学んだだけで、戦陣での武功はなかったのだが、成長して後、木曾義仲や平家一門と何度も戦ってすべて勝ったという日本で比類のない名大将である。

このような昔の日本や中国の例をよく研究して、「誠の道理」を明らかにすることだ。ここに、もう一つ別の喩えがある。大将は医者、敵は病気、士卒は薬味《やくみ》（漢方の生薬）、そして陣立て（軍勢の配置・編成）は薬方《やくほう》（薬の処方）に該当する。敵の隙を窺ったり間者を用いたりする〝覘外用間《てんがいようかん》〟（外を窺うスパイの使い方）と呼ぶ武略（戦の駆け引き）は、四診を駆使した医術である。敵の出方を見て、奇襲策か正攻法かを自在に変転させるのは、病状に応じて「攻補の薬方」（薬で攻め、栄養で補って病気を回復させる調剤方法）を施すようなものだ。兵法をまったく知らない大将はというと、医道の心得がまったくない者が治療するようなもの。危険極まりない。

戦場で習得した陣の立て方とか合戦のノウハウを多少なりとも習い覚えた大将は、いわば、薬方を多少習い覚え、その経験を頼りに治療する藪医者のようである。

兵法を会得している大将で、強運に恵まれ、弱い敵ばかりと戦って勝利を得、国を取り、勢力を伸ばしたことを、喩えていうなら、運のいい藪医者が、見かけは重病のようでも治りやすい病気にかかっている病人を治療して手柄を立て、過分の薬代を得ただけでなく、巧妙になるようなものだ。

太公望、張良、韓信、諸葛孔明、義経などのように、学問を究め、兵法の妙理を十分に会得して百戦百勝の功を立てられるのは、医学の道をよく究めて、四診の妙術を鍛錬して百病を治療して起死回生の功を立てた扁鵲《へんじゃく》（古代中国の伝説の名医）、倉公《そうこう》（漢の名医淳于意《じゅんうい》）、李東垣《りとうえん》（明の医者）、朱丹渓《しゅたんけい》（元の医者）らのような名医である。

それに対し、兵法を学んでも、変幻自在に機転を働かせることができず、用兵が下手くそな大将は、医道でいえば、医書を広く学んでも臨機応変な診断が下手で、治療が効かない医者のようである。

昔から今に至るまで、医道で扁鵲のような治療効果を上げられないこともあるが、よく医道に励んだ医者でも、扁鵲のように起死回生の成果を上げ得たという者は皆無なのである。太公望の書を学んでも、武功に縁遠い者もいるだろう。ただし、兵法を学んでいない大将で、太公望のように百戦百勝の功を立てられる者は、一人もいないはずだ。このことをよく考えるべきである。

徳で、才で、力で、運で勝つ

【問】運さえ強ければ、どんな敵にも勝てるということでしょうか。

【答】合戦での勝敗は、徳で勝つ、才で勝つ、力で勝つ、運で勝つの四つの違いがある。徳というのは、文武一体の明徳のことである。才とは、武略に優れ、人数を自由自在に采配して情報や情勢をよく把握し、天の最も高いところで動き、地の最も低いところに身を潜めて、百戦百勝の武功を立てる才能のことである。力というのは、人数の勢力のことである。運というのは、主将が生まれながらに持った運命のことだ。向かい合っての斬り合いは運の強い者が勝つものだ。大軍による合戦では、徳は才に勝ち、才は力に勝ち、力は運に勝つのである。才と徳が互角なら、運の強い方が勝つ。合戦の勝敗では、才徳の勢力の強い方が運に勝つが、最終的に国取りの片を付けるのは、運の強い方になる。

昔、中国で蜀《しょく》と魏が天下を争ったことがあった。蜀は後漢の末裔で運命は弱かったが、諸葛孔明という才徳を兼備した名大将がいた。魏は運命は強いものがあったが、孔明にたてつける器を備えた大将はいなかった。そういうわけで、幾度も行われた合戦はすべて蜀が勝ち、天下に威勢を誇示したのだが、蜀の運気はもともとそんなに強くはなかったので、孔明の天運が尽きるときが訪れ、魏の大将の司馬《しば》仲達《ちゅうたつ》と対戦中に病死したのである。孔明亡き後の蜀は、仲達と競えるほどの大将はおらず、しかも魏の国の運が強かったために、とうとう蜀を滅ぼし、魏の天下となった。

項羽と高祖（劉邦）との合戦については、広く知られているが、項羽と高祖の運は互角だった。才に関しては、高祖の方が劣っていたが、高祖には韓信という大将がついていたために、項羽と互角となり、才も同等といえた。力は、始めのうちは項羽の方が優勢だったが、何度か繰り返された合戦では、いずれも項羽が勝利した。しかし項羽は、ずる賢く、人を害するところもあり、仁徳がなかった。対する高祖は、寛容で仁徳があっただけでなく、張良という才徳兼備の名将がついていたので、項羽の力は次第に衰え、やがて垓下《がいか》の戦い（紀元前二〇二年）に敗れ、烏江まで逃走して、そこで自害するという結末を迎え、高祖の天下となったのである。

このような歴史的実例から、徳・才・力・運が勝敗に及ぼす差異というものをよく研究し理解しなければならない。

黙識心通

【問】では、徳・才・力・運が互角の場合、勝敗はどうなりましょうか。

【答】そういうときは、囲碁でいう「相碁《あいご》」（同じ力量の者の対局）の勝負のようになるだろう。その手の合戦では、天の時・地の利で勝敗が決まる。「黙識心通《もくしきしんつう》」（言葉に出さずに心で理解）し、鍛錬努力を怠らないように工夫することだ。

【問】では、聖人、賢人、英雄、奸雄《かんゆう》の違いを詳しく教えてください。

【答】聖人とは、文武一体の明徳が明らかで、才徳が千万人の上を行く「神明不測の妙用《しんめいふしきのみょうよう》」（神のように計り知れない不思議な力による優れた働き）がある人をいう。具体的には、三皇（伏羲・神農・黄帝など諸説）、五帝（黄帝・顓頊《せんぎょく》・帝嚳《ていこく》・堯・舜）、禹《う》（夏の創始者）、湯（殷の創始者)、文・武(周の始祖文王と創始者武王)、周公(周建国の功臣)、孔子がそうだ。その聖人より一段階劣る人を「賢人」という。伊尹《いいん》(殷の伝説的宰相)、傅説《ふえつ》(殷の高宗の宰相)、太公望(周の軍師)、召公《しょうこう》(太公望、周公と並ぶ周建国の功臣)、顔子《がんし》(孔子の門弟)、曾子(孔子の高弟)、子思《しし》(『中庸』を著したとされる孔子の孫)、孟子、諸葛孔明、王陽明らが賢人だ。「英雄」は、徳とそれ以外の才では賢人より一段階劣ってはいるものの、大将の才を備えているという点では、賢人と互角な人物のことである。管仲《かんちゅう》(春秋時代の斉の宰相)、楽毅《がくき》(戦国時代の燕《えん》の名将)、孫子、范蠡《はんれい》(春秋時代の越王句践《こうせん》の忠臣)、張良《ちょうりょう》(漢の高祖の功臣)がこれだ。「奸雄」とは、大将としての才だけが優れ、それ以外の才は不足し、明徳が暗い人物を指す。項羽《こうう》(秦末の武将)、韓信《かんしん》(前漢初の名将)らがそうである。義経、楠木正成は、日本の英雄といえるだろう。

聖人の才や徳は、天地の神々と同じであるから、人知を超えた不思議さがあって、何もかもが広くて大きく、言葉で説明することは不可能である。賢人の才や徳は、実質的に聖人レベルといえるが、計り知れない人知を超えた神妙不測の域にまでは到達していない。英雄は、大将としての才と徳は賢人と同レベルだが、それ以外の才と徳では賢人より一段階劣っており、英気の角が立ちすぎてもいる。聖人、賢人、英雄の三者には、才と徳に関して高低とか大小といった違いはあるものの、いずれも君子なので、平和な時代であろうが、乱世の時代であろうが、天下無双の重要人物といえる。

情け深く、礼儀正しく

【答（続き）】奸雄は敵を退治するという一事に役立つ点では賢人や英雄にも劣らないが、明徳が暗く、邪欲も深いため、逆心（謀反を起こしたり逆らったりすること）の懸念がついて回り、味方だと思って頼りにするのは危険だ。国が治まり、仕置（命令）を一任すると、国は乱れ、反乱を起こすのが世の常である。

聖人は中国でなくては生まれず、賢人や英雄もまた、世の中の希少価値なので、人々の心は暗く、奸賊の才に迷わされて、心の奸賊であることを察することもできず、「あの人は英雄だ」ともてはやし、その結果、国を盗まれたり、天下を奪われたりする天子、諸侯は古来多いのである。よくよく〝目の鞘《さや》〟をはずして（まぶたを見開いて）用心することだ。かといって、奸雄を捨てるのは問題。どう使うかが大事ということである。奸雄は、砒霜《ひそう》（激しい毒性を持つ砒素《ひそ》の化合物）や巴豆《はず》（激しい下痢に効く）に喩えられるほどの毒草を実証（壮健な人が不健康になった状態）の治療に使えば、効き目が速い。ところが、その効き目の速さを見て「いい薬味だ」と納得し、虚証（虚弱な人が不健康になった状態）の患者に与えると即死する。

そのように、この奸雄も敵を破り、賊を捕虜にする才の力量を評価して「素晴らしい家臣だ」と信じ込んで、高い官位や大きな国を与えたり、天下国家を預けたりするから、国を盗まれ天下を奪われてしまうのである。その様子は、砒霜や巴豆のもつ猛毒に精通している名医が軽率な使い方をしないのと同様だ。つまり、奸雄の才と心をよく見きわめた上で、金銀財宝などその者が好きこのむ物を取らせ、情け深く、礼儀正しく接して、胸にある「奸賊の心」を成就させないようにうまく扱うことが肝要である。もしも大国を与え、権力を授けてしまうと、必ずといっていいほど問題を起こすものなのだ。

中庸適当の用

【問】豪勢と吝嗇とでは、どちらがよいでしょうか。

【答】豪勢と吝嗇は、財産の使い方の過不足の点で過ちを犯しており、どちらも悪い。ただ、豪勢であっても思惑もなく、ほどほどに使う「中庸適当の用」に該当するのをよしとする。上は天子から下は庶民に至るまで、財産の使い方を工夫することが一番大事だ。果たすべき義理もないのに、軽率な使い方をして浪費することや、用途もないのに、無闇やたらと与え、少ない褒美を与えるのがふさわしい忠功に対して過分の知行を加増し、家作や道具以下、何かにつけて過分を好み、散財を惜しまず、貯えないのを「世俗棄用《きよう》」（世俗的な豪勢）といっている。一見、君主の清廉潔白な行状に似ているので、凡夫は錯覚し、「間違っていない」と褒めるのである。

また、使うべき用途があるのに惜しんで使わず、報いるべき義理があるのに与えようとしない。過分に知行を加増すべき価値のある忠功なのに、少ししか褒美を与えず、家作や諸道具が、分不相応で見苦しいまでに不足気味で、無造作に使ったり浪費したりしないのを世間では「吝嗇《りんしょく》」という。その様子は、一見、君子の質素倹約の行状に似ているので、学問が中途半端な人は錯覚を起こし、「よい行い」と許してしまうのだ。豪勢も吝嗇も、明徳の暗さが原因で引き起こされる病気のようなもので、天下を失ったり、国を亡ぼしたり、家をつぶしたりする元凶である。だから、十分慎んで理解工夫しなければならない。

公用・私用・妄費

【問】豪勢でも吝嗇でもないようにするには、どのような心がけが必要でしょうか。

【答】時と所と位によく適った、ふさわしい義理を「中庸」と名づけている。その中庸適当な道を目指すべき行動規範とし、そのために財宝を上手に使えば、大過不及に陥る私心は生まれないから豪勢とも吝嗇とも名づけようがない。

肝心なのはその工夫の仕方だ。それには、まず私欲の穢れを捨て、「天道の義理」に照らし合わせて、時・所・位にふさわしいかどうかをよく考えてから財産の使い方の節度を判断すべきである。

ところで、財産の使い途には公用・私用・妄費の三種類がある。公用は、天下のため、国家のためになるという道理に適った軍役・公役の費用である。私用は、飲食・衣服・宮室・妻妾や身辺で使う家臣・下僕などの費用だ。妄費は、何の役にも立たない慰め一辺倒の費用である。なお、この妄費は凡夫に限ったことで、君子にはない。

中正で偏りのない「中庸不倚《ふい》の心法（心の規範）」を守って財宝を使えば、利欲の穢れは少しもなく、清廉潔白であるから、私用も公用に転じて同一の天理となる。だが、「中庸不倚の心法」を知らずに、凡夫が勝手気ままな財産の使い方をすれば、豪勢であろうが吝嗇であろうが、私欲の穢れが深いことから、公用も私用も妄費に変わってしまい、同じ人欲となるのだ。このことをよく理解しなければならない。

私心注意

【問】諸国の大名または家老の最もよくない点は何でしょうか。

【答】「私」の一字に尽きる。私心に走る者は、間違いなく気ままだ。気ままな者は絶対に人の意見を聞き入れないし、世間の非難も顧みない。偏った心のままに、自分が好きなことなら悪いことでも良いことだと都合よく解釈し、夜も昼も明けないくらい熱中する。

その一方で、自分の気に入らないことは良いことでも悪くいって蔑《さげす》み、取り上げようとしない。相性がよい相手なら小人だろうが佞人だろうが近づけて親しくし、功もないのに知行を加増し、罪のある者にも刑を科さない。だが、相性がよくないと、長年にわたって功がある者や忠節を尽くしてきた者でも疎んじて近寄らせず、功を上げても恩賞を与えず、罪もないのに刑を科す。そのような「不義不道の作法」や仕置（命令）は皆、私心から生まれ、はびこった枝葉である。

こういうふうなので、国法も軍法もすべて乱れ、ついにはその国が滅んでしまうのだ。だから、仮にも気ままな思いが湧いてきたら、それは、わが身を失い、国を滅ぼし、家を絶やす魔心だと警戒し、慎重に対処しないといけない。

守るべきは「謙」の一字

【問】諸侯や卿大夫が何を置いてても守り、行ってよいことは何でしょうか。

【答】それは「謙」の一字に尽きる。自分自身の位の高さを驕って自慢する魔心の根を断ち切って、義理の本心に立ち返り、まかり間違っても他人を侮蔑したり軽んじたりせず、万民を慈悲深く憐れむ心を絶やすことなく、諸士に対しては無礼なことをせず、家老や身分の高い武士から諫められたときには聞く耳を持ち、決して自分の考えを先に主張せず、善を好む様《さま》は美しい色を好むようにし、悪を憎む様は悪臭を憎むようにせよ。それを「謙」というのである（『大学』に「所謂其《いわゆるそ》の意を誠にすとは、自ら欺くことなきなり。悪臭を悪《にく》むが如く、好色を好むが如し。此れ之《これ》を自ら謙《こ》すと謂う」〔いつも誠実に人に接するとは、自分を欺かないことである。悪臭を嫌い、美しい色を好むように、悪いことは避け、善いことだけをするように努力する。そういう明快な生き方〈謙〉というのだ〕）。

舜は大聖人だから、ちょっとしたことでも誰かに尋ね、身分の賤しい者のいうことも良いことは聞き入れて検討し、中庸ではない意見は心にしまい込んで用いず、中庸と思えるものだけを採用して実行に移した。孔子は、そのことを取り上げて「そういう理由から大舜を『聖神』と尊崇するのである」と賛美した。また、周公旦《しゅうこうたん》（周の武王の弟。武王の子成王の摂政）は、息子の伯禽《はくきん》が魯の国の君主になって初めてお国入りしたときの様子は、次のようであったと『史記』（魯周公世家篇）に記している。

「周公旦、伯禽を戒めて曰く、我は文王の子、武王の弟、成王の叔父、我天下に於て亦《また》賤しからず、然れども我、一沐《いちもく》に三《み》髪《たび》を握り、一飯に三《みたび》哺《ほ》を吐く、起《た》って士を待す、猶天下の賢人を失うを恐る。子魯《ろ》に、之《ゆいて》、謹んで国を以て人に驕ることなし」

この聖人の発言が意味することは、こうである。

「私の親は文王である。私の兄は武王である。今の天子は私の甥である。自分の位は摂政・冢宰《ちょうさい》（周の六官の長）である。今の世で私を超える者はいない。そんな類い稀な尊い位なのである。だが、面会に来た諸士に応対するために、沐浴《もくよく》中に三度も洗髪を中断して髪を束ね、食事中には口に入れた料理を三度も吐き出すことになった。そこまでしているのに、世の中の諸士には驕りや無礼があって、賢人には及びもつかないのではないかと恐れ慎むばかりである。だから、おまえも魯の国へ行っても、国のことを鼻にかけたり、驕ったり、無礼な振る舞いに及んだり、人を軽蔑したりしてはならない。私のように慎むようにと教え戒めたのである」

周公旦が冒頭で文王、武王、成王の名を挙げて自身の位（身分）が貴いと語った理由は、凡夫が驕り高ぶって「謙徳」を失うのは、自分の位が貴いと思い上がるところに原因があると考えたからだ。だから周公旦は、わざと自分の位がきわめて高いことを強調して、驕りやすい点に釘を刺したのである。

それほど類いなく貴い位にいても、その謙徳はますます深まり、驕る気持ちが少しも頭をもたげないように心がけるなら、王より位の低い者たちが見習って気をつけるようになるのは自明の理である、と戒める意味を含んでいる。

ところで、「一沐に三髪を握り、一飯に三哺を吐く」の二句は、仮説の言葉といって、仮に喩えた表現だ。謙徳が限りなく高く、驕る心など少しもないということを明白にするためである。周公旦が実際に、沐浴時には常に三度も髪を束ね、食事をするたびに口に入れた食べものを出しているわけではない。

大舜や周公旦のように才徳は聖人で、位が天子や冢宰であっても、猶《なお》このようにしていたのだから、後世の天子、諸侯はよく見習い、自ら実践することで、「謙」ほど大きなものはないとわきまえないといけないのだ。したがって、国を治め、天下を泰平にするための要諦は「謙」の一字に尽きるのである。

「謙徳」を喩えていうなら「海」で、万民は「水」である。海は低いところにあるから、天下の水という水が集まり、帰するように、天子や諸侯が「謙徳」を守ると、万民は心から感服し、喜んで従うものである。賢い者も知恵のある者も、愚か者も不肖な者も、天下の万民がことごとく喜々として従うときは、国は自然と治まり、安泰である。

そういうことなので、『易経』（「周易上経」の「地山謙《ちさんけん》」）に次のように説かれている聖人の教えを心に刻んで尊び、邁進することだ。

「（謙卦彖伝《けんけたんでん》（地山謙《ちさんけん》）に、謙は亨《とおる》（差し障りなく通行する）とある。天道は下界を明るく照らす。地道は下界で天の働きを輔ける」天道では、陰が極まれば陽となり、陽が極まれば陰となるように、月も満月になれば欠け始め、欠け終われば再び満ち始めるが、その様子はまさに『謙の徳』の『亨』そのものだ。地道では、池や湖の水がいっぱいになると溢れて低い方へ流れるし、高い山の頂きまで登りつめれば後は谷間の方へ下ることになるが、それは高位の者が低位の者を潤す『謙の徳』に通じる。鬼神は、満ち足りて不遜になった者に禍《わざわい》を与え、謙虚に生きる者には福をもたらす。人道では、権勢を誇って傲慢に振る舞う者は嫌われ、実るほど頭《こうべ》を垂れる稲穂のような『謙の徳』を貫く者は好かれる」（彖《たん》に曰く、謙は亨。天道は下済《かさい》して光明なり。地道は卑《ひく》うして上行《じょうこう》す。」天道は盈《み》てるを虧《か》きて謙に益《えき》す。地道は変じて謙に流る。鬼神は盈《み》つるを害《がい》して謙に福《さいわい》す。人道は盈てるを悪《にく》んで謙を好む）

※この「地山謙」のくだりは最後の方（改正篇）にも登場するが、意図して訳文を変えてある。

商い立身

【問】今の時代の諸士は、仕える主君を何人も取り替えて知行を得ることが立身であるといって、そうするのを手柄としていることはどんなものでしょうか。

【答】それは、武士道の解釈に通じていないことに起因する誤りである。才徳（才智と徳行）があって忠節を尽くし、軍功を重ねて出世をすることで知行の加増につなげるのが真の立身であり、武士の名誉というもの。しかるに、才徳もなく、忠節心もなく、軍功もないのに、贔屓《ひいき》にされているのを笠に着て、巧妙にごまかしたり上手に立ち回ったりし、仕えた主君の数を得意げに指折り数えては身上《しんしょう》（財産）を増やす。そういう行為を「商《あきな》い立身」といって、商人が顧客数を計算しながら高い値段で売りつける商法に喩えている。そういう行為は、多少なりとも武士道を心得ている者にとっては、恥であり嫌悪すべきことであるから名誉とは言い難い。立身の心がけは、商人の利心《りしん》（利に対するあくなき追求心）さながら貪欲で意地汚く、義理も守らないというのでは何の役にも立たないだろう。

そのような士を崇敬して世の中の役に立った例は、古来、中国にも日本にもない。それなのに、諸大名は「商い立身」に長けた世渡り上手な者を立派な武士と思い込んで、過分の知行で召し抱えるのは、おそらく、国を治め、いざ合戦となった際の担保にしようとの思惑からではなかろうか。そのような志だとすれば、蜀の先主劉備《せんしゅりゅうび》が、自ら、諸葛孔明の草葺《ぶ》きのあばら家へ三度も足を運んで「三顧《さんこ》の礼」を尽くし、やっと召し抱えることができた故事にも似て、その心根《こころね》はとても殊勝ではある。とはいうものの、その者の人品骨柄がどうであるかの吟味が中途半端に流れるとすれば、過分の知行が無駄になるだけでなく、武士道の妨げともなり、さらには、それが禍いして諸士の気風は日々に汚くなっていく。そういうありさまは、何とも浅ましく嘆かわしいことである。

士道（武士道）とは何か

【問】諸大名が武士道からはずれた〝渡り奉公人（奉公先を次々と変えて渡り歩く者）〟を崇敬することが原因で、武士の気風が汚くなっていく子細はどうなのでしょうか。

【答】心学を立派に究めている士は、義理を堅く守り通すし、邪悪な欲がないから世間の作法にあやかろうとはしない。ところが、心学で自分磨きをしていない士は、邪《よこしま》な思いに突き動かされて、名利《みょうり》（名誉と利欲）へと傾いてしまう。今時の士は心学で自分磨きをしていない者ばかりなので、「商い立身」に長けた士がもてはやされるのを見て悔しがったり、それにあやかりたいと思ってわれがちに真似をする。そのくせ、士風が次第に薄汚れてきて「武士道には似合わない」などという理由をつけて自分磨きをおざなりにするので、だんだん浅ましい作法に堕していく。

そのような風潮になるのは、巧妙にごまかす士を大名たちが崇敬するからだ。主君の治世さえ正しければ、その国の諸士がことごとく義士や勇士の誉れを得るという例は、日本にも中国にもたくさんある。だが彼らは、長きにわたって、功のある諸士を粗末に扱い、その一方で、これといった功もない詐術に長けた者を当世風だという理由だけで崇敬してきた。無念としか言いようがない。

「二君に仕えず」は是か非か

【問】そういうことなら、「忠臣は二君に事《つか》えず」（『史記』田単伝）という故事のように、生涯たった一人の主君にしか奉公しないのが正しい武士道ではないでしょうか。ところが、百里渓《ひゃくりけい》は、虞《ぐ》の国を去って秦《しん》の穆公《ぼくこう》に仕えました。それを孟子は「賢くて知恵がある」と許しています。「主君を替えて奉公するのは武士道にあらず」とするのは偏った考えだといえませんか。

【答】そういった解釈は的外れだ。※百里渓のように、心は潔癖、身は修まり、名利に対する欲もなかったが、なりゆきで、やむを得ず主君を替えて奉公するという生き方は、古来、正しい武士道である。一方、そのような生き方とは真逆で、心は薄汚れ、身は修まらず、そのくせ立身の欲だけを動機《モチベーション》とする以外にこれといった理由があるわけではなく、時勢を配慮してもやむを得ないと思えないのに、主君を次々と替えて知行を貪りまくるという行為は武士道ではない。

百里渓は元は虞《ぐ》の国の臣下だったが、虞の主君が〝義を誤る事件〟を起こしたことで、虞を去らざるを得なくなり、しかたなく秦の国へ行ったのだ。そのときの年齢は既に七十歳。賢者ぶりを聞き及んだ秦の穆公に呼び出され、仕えることになったのである。主君を替えて奉公したところは〝渡り奉公〟と似ているが、心と作法の点で天と地ほどの差がある。それなのに、同じ尺度で云々しようとするのは実にあきれた話である。

主君を絶対に替えないのが正しい武士道と決めつけることも、また主君を何人も替えるのが正しい武士道と決めつけることも、行跡という結果にのみこだわった間違いだ。心が潔くて義理にも適っているならば、二君に仕えずにいようが、何人も主君を替えようが、どちらも正しい武士道なのである。各人の行いはいざ知らず、ただ心が潔く、義理に適うことを正しい武士道という。そのように心得るべきであろう。

※百里渓　『史記』（秦本紀）『孟子』（離婁《りろう》上篇）などに登場。百里渓は、群雄割拠する春秋時代の「虞」の国の大夫だったが、晋が「隣国の虢《かく》を討ちたいから、国内を通らせてほしい」と申し入れると、暗愚だった虞王はそれを受け入れ、国を滅ぼされた。百里渓は、諫言しても無駄と思い、呉を捨てた。楚に捕らえられていたときにその賢者ぶりを耳にした秦の穆公が「羖羊《こよう》」（黒い牡の羊）の皮五枚で買い取り、宰相にしたので〝五羖大夫《ごこたいふ》〟と呼ばれた。その恩に応えて穆公を助け、秦を強国にした。孟子は、百里渓の取った行為は賢明で正しかったと縷々《るる》述べている。

正真の義理

【問】　武士道とはどうあるべきかの吟味は、どのようにするのがよいでしょうか。

【答】　昔、斉の国の王子墊《てん》※が孟子に会って、こういった。「四民のうち農工商はそれぞれが果たすべき役割があるが、今の士《さむらい》を見るにつけ、〝酒嚢飯袋《しゅのうはんたい》〟（酒や飯を入れる袋で、遊び飲食にうつつを抜かす無能な者の譬え）のようで、軽くて暖かい衣服を着、甘美な酒色に明け暮れるだけで、これといって務めに励む様子は窺えない。士《し》たる者は、どんなことを仕事にしているのか」と。孟子は、こう答えた。「農工商は労力を使って人を養うのが仕事だが、士以上の身分の者は心を用いて人を治めるのが務めであるから、明徳を明らかにして、仁義を行うのが士の仕事である」と。

この場合、「儒道即ち士道」であるから、「真儒の心学」に照らし合わせて検証するのがよい。そうしないと、せっかく吟味しても「正真の義理」を見つけられないものだ。

近代の甲斐国の武田信玄は、文学も学び、その方面に造詣が深かった大将だったが、真儒の心学の心得がなかったために、『甲陽軍鑑』（江戸初期に書かれた武田氏の軍学書）では吟味が尽くされず、事実と異なる記述が多くみられ、「正真の義理」に当たる箇所は少ない。

このことをきちんと理解しないといけない。

※王子墊　『孟子』（尽心上篇）に「王子墊が尋ねた。士は何を仕事にするのか。孟子が答えた。志を高く持つこと。別の言葉でいうと、仁義に尽きる」（王子墊問いて曰く、士は何をか事とする。孟子曰く、志を尚《たかく》す。曰く、何をか志を尚すと謂う。曰く、仁義のみ）。これを中江藤樹はかなり潤色して長く説明しており、かなり力を入れたことが推測できる。酒嚢飯袋《しゅのうはんたい》は陶岳（宋の儒者）撰『荊湘近事《けいしょうきんじ》』に出ている格言だが、『孟子』には出てこない。

明徳の仁義

【問】「武辺の嗜《たしな》みばかりを士道なり」（武芸のたしなみだけを武士道というのだ）と思ってきましたが、「明徳を明らかにして仁義を行うを士道なり」（明徳を明らかにし、仁義を果たすのが武士道なのだ）と伺うと、武士道を身につけた士《さむらい》は昔から稀だということになります。しかしながら、昔も今も士の道は成り立ち、国も治まっていますから、難しい心学はそれほど必要ないのではありませんか。

【答】盗跖という盗人は「世の中に盗みほど素晴らしいものはない。堯・舜・禹・湯（古代中国の四聖王）の仁義なんて何の役にも立たない」と嘯《うそぶ》いたと語り継がれているから、迷える凡夫がそのように心得違いをするのはもっともなことだ。だがそれは、明徳や仁義という名称にこだわりすぎた結果、迷い込んだ疑問なのである。

明徳も仁義も、われわれ人間に備わっている本心の異名である。この本心は、命の根元なので、生きとし生ける人間で明徳や仁義の心のない者は一人もいない。親を愛するのは「仁」である。主君に忠節を尽くすのは「義」だ。親や主君に対する孝忠の心を明らかにして正しく行うことを「明徳を明らかにして仁義を行う」という。それを学ぶことを「心学」というのである。

武芸（武辺）は忠孝の一種で、忠孝の心が本物（真実）なら、武芸の腕も立つ。この道理をよく理解できるなら、「武芸のたしなみだけが士道であって、仁義を行うことは士道ではない」という迷いにも気づきやすくなる。

また、親には逆い、主君には謀反の心を抱いて悪辣《あくらつ》なことばかりやっていて、士道がきちんと成り立ち、世の中もうまく治まっているような例は、昔も今もない。だから、仁義の道に背を向けて私欲のために働く「勇《けなげ》」は、謀反人や盗人のそれであって、武芸とは呼ばない。それなのに、思慮分別のかけらもなく、ただ厳《いかめ》しくて猛々《たけだけ》しい腕前を誇示したいがために人殺しを好み、それが武芸のたしなみと考えるとしたら、浅ましくて嘆かわしいことだ。

仁義の勇

【問】　おっしゃることはごもっともですが、常日頃からいかつく猛々しく（いかつにたけく※）腕を磨いておかないと、武芸の腕前が鈍ると思うのですが、いかがでしょう。

【答】　勇猛な振る舞いは、戦場とか己の武芸の真価が問われるここぞという場面では必須だが、平時は無用の長物でしかない。何の変哲もない平時に、戦陣への備えだといって勇猛な振る舞いを常とするのは、湯の飲み置き（喉が渇いてもいないのに、渇いたときのためにといって余計に飲むこと）とやらと同じで、無益で愚かな準備である。別の譬えでいうと、軍陣のたしなみという理由をつけて、普段から具足や兜を着用するようなもの。それに、武芸を習ったり軍法を学んだりすれば武芸の助けになると考えて、常日頃からたしなむのである。人を殺す目的で腕を荒々しく磨くことを好んでは、武芸上達の助けとはならない。それどころか、武芸の妨げになる。力にまかせた荒々しい腕前を自慢する者には人を侮り軽んじる一面が必ずあるはずで、闘争心が激しいからよく喧嘩をし、その挙句に犬死にしたりするのがオチだからだ。親を嘆かせ、主君の知行を盗むような所業は情けないというしかない。喧嘩で勇ましさを発揮したところで凶暴犬《かませいぬ》と変わりなく、心ある士なら、恥ずかしいと感じて恐縮するところだ。

そういう者と違って、普段から物腰が柔らかくて、いかめしさや猛々しさとは無縁で、腕に覚えがないように見える者がいるが、忠孝の心さえ本物なら武芸も優れるようになるはずだ。こういう例がある。その昔、晋の国に住む楊豊《ようほう》という人の娘の楊香《ようこう》は、十四歳のときに父に従って山中に入り、田を刈り取っていたところ、虎が一頭現れて楊豊を食い殺そうとした。それを見た楊香は、走り寄って虎の首にしがみついて父を助けた。この楊香は十四歳の女だから、いかつくもなければ猛々しくもなく、柔弱だったことは説明するまでもない。それなのに猛虎を手討ちにできたのは、かの樊噲《はんかい》（前漢の武将）に劣らない「武魂」ともいうべきものが備わっていたからだ。この故事から、力まかせの荒々しい腕前だけでは通用せず、孝忠仁義の心構えが肝要だという教訓を学ぶべきである。楊香の武勇は父を深く愛する仁の一念がもたらした成果なので、「孝行や忠節を尽くそうとする心さえ本物なら、誰でも武芸に強くなれる」という理《ことわり》を証明することはたやすいのだ。このことから「仁義の勇」の本質をよく理解することだ。

※いかつにたけく　「武士道は、ただ勇猛であればよいというのではない」と藤樹はいい、短い文章の中に五回もこの表現を使っている。「いかつにたけく」は、漢字を当てると「厳つに猛く」で、「猛く」は「猛々しい」とか「勇猛だ」という意味だが、「いかつ」の方は「いかつい」「ごつい」「いかめしい」「力まかせ」「荒々しい」といった意味がある。

＊　項羽と劉邦は秦滅亡後の覇権を争っていた。劉邦は項羽に攻撃されて謝罪、許されて祝宴「鴻門之会《こうもんのかい》」（紀元前二〇六年）に出た。その場で「剣の舞《つるぎのまい》」にことよせて殺されかかった劉邦を救った樊噲の勇気が『史記』（列伝）に記されている。幕の中には劉邦と軍師張良だけ。樊噲は門外に控えていたが、張良の知らせを受けて単身乗り込んだ。項羽はその勇気を褒め、一斗の酒を飲めと勧められた。樊噲は一気に飲み干す。すると次は豚の生肉の塊を食えといわれたが、

黙って伏せた盾の上に置き、剣で切ってすべて食べ尽くした。この勇気が劉邦の命を救ったのだ。

生きていくのに何が一番必要か〔増補　正保四（一六四七）年冬執筆分〕

【問】この人の世で、まず第一に願い求めるべきものは何でしょうか。

【答】究極のそれは、「心の安楽」である。

【問】では、この世で、第一に嫌い捨てるべきものは何ですか。

【答】「心の苦痛」をおいて他にはない。

【問】苦しみを除き、楽しみを追い求める道とは何ですか。

【答】学問である。

【問】学問で苦痛を除き、安楽を得る道理とは、どんなことを指すのでしょうか。

【答】われわれ人間の心の本体は、元来、安楽なものなのだ。このことは、二、三歳の乳幼児から五、六歳の児童までの心を考えてみるとよくわかる。世間では、幼童に苦悩がないのを見て「仏だ」などといっている。そのように、心の本体は安楽であって、苦痛のないものなのだ。苦痛は人々が迷うことで自らつくりだしている病である。喩えていうと、心は眼のようだ。眼の本体は開閉が自由自在で、物がはっきり見えて快適である。しかし、砂塵などが眼に入ると、瞼の開閉は自由にならず、物を見てもはっきりと見えず、苦痛を我慢しづらい。一度そうなっても、砂塵を除去すれば本来の状態に戻って、瞼の開閉も自在になり、物もはっきりと見えるようになって快適だ。

心の本体は、本来、そんなふうに安楽なものなのだが、「惑い」という名の砂塵がさまざまな種類のこらえがたい苦痛をもたらす原因をつくる。学問とは、その惑いの砂塵を洗い流して、心（本来）の安楽な状態に返る道であるから、よく学問に励み、工夫して受用すれば、本来の心の安楽へと戻ることができるのだ。

【問】人は誰も「貧賤勤労」（貧困・低い身分・心身の労働）は苦痛で、「富貴安逸」（富裕・高い身分・気楽な暮らし）を安楽だと考えています。その苦楽は人々の境遇にあるのではなく心の中にのみ存在するというのは、どのような意味なのでしょうか。

【答】そのような心得違いを「凡見《ぼんけん》」（凡夫の見識）といい、情けない惑いである。つまり、凡夫は外面的な願望の迷いが深く、実理（日常生活体験を通じて身につけた道理）をわきまえない見方をしがちで、うわべだけで物事を判断するということだ。

凡夫は、明徳が暗いために、日常習慣にどっぷりと染まって欲得にこだわり、「酒色財気」（酒・女・金）の迷いが深くなる。だから、天下を取ったら取ったで天下の前途を憂い、国を手に入れたら手に入れたで国のあれこれが気にかかる。家を持てば持ったで家のことで頭を悩ませ、妻子がいればいたで何かにつけて妻子のことが心配になる。牛馬を所有していれば所有していたで牛馬のことをさかんに気にする。金銀財宝に恵まれたら恵まれたで、それが悩みの種となる。

凡夫というのは、見るもの聞くもののほとんどすべてが苦しみの種となってしまうのである。そういう状況に陥ると、天子だろうが、庶民だろうが、他人の目には違って見えるかもしれないが、本人が心中で悩み苦しんでいる点に違いはないのだ。

だからこそ、古歌にもこう詠まれている。

憂きことの品こそ変われ世の中に心やすくて住む人ぞなし

（悩みの種は人それぞれだが、毎日を安楽と思って暮らしている人などいやしない）

君子の生き方

【答（続き）】 だが、君子は違う。明徳を明らかにしているから、世間のくだらない習慣に染まることはまったくないのである。当然のこととはいえ、酒色財気の惑いに心を奪われることもないから、天下を取ろうがどうということはなく、国を手に入れても憂いとは無縁でいられる。家を持っても煩わされず、妻子がいればともに楽しみ、牛馬がいてもそのことにこだわらず、金銀財宝に恵まれようが溺れることはなく、目に触れるもの耳に聞こえるものすべてが楽しみとなる。だから、たとえ天子の位に昇りつめたとしても、楽しみが増えるわけではないし、庶民の身分に置かれたとしても、楽しみが減ることにはならないのだ。

つまり、帝王という位は、富貴安逸の極みではあるが、日本でも中国でも、明徳が暗かった歴代の帝王で、酒色財気の悩みを抱えない者はいなかったのだ。

前に述べた顔回の生き方のように、路地裏のあばら家に住んで、竹で作った粗末な食器でささやかな食事をし、瓢《ひさご》で作った水入れの水を飲むような暮らしは貧賤の極みではあるが、そのような生活の中でも、他に比べるものがない楽しみを見つけることができるのである。また、凡夫の身の上でも、禁中（内裏）に仕える宮女は、情欲のはけ口がなく、悶々鬱々としたやり場がない苦しみを味わっている。農民が田畑を耕し、草を取る作業は勤労の極致だが、心にはそれほどの苦しみを感じてはいない。古の聖王禹《う》にしても、家の前を何度も通ったのに寄ろうとしなかったほど難儀だった治水事業は、まさに究極の勤労といえるが、それでも禹王は快適に感じていたのである。

このように、どんな事柄でも日常生活での自分自身の経験から得た「実理」を通じて観察すれば、「苦楽とは心の中に存在するものであって、心の外には存在しない」という道理がよく理解できるはずである。

貞の巻〔下巻之末〕

狂者の生き方

【問】「狂者」※とは、どのような人をいうのでしょうか。

【答】狂者は、道体《どうたい》（宇宙の本体・道の根元）が広大で高明というところまでは悟ることができるが、精緻で中庸（中行《ちゅうこう》）な点についての詳細は悟れない者をいう。「見性成道《けんしょうじょうどう》」（本性を見究め、道を悟ること）に対する心の持ちようが粗雑で注意が行き届かず、修業の仕方も異風だし、勝手気ままでもある。誰が狂者かというと、中国では許由《きょゆう》（聖帝堯に位を譲ろうといわれて、「耳が穢れた」といって川の水で耳を洗い、山に隠棲した高士《こうし》）、巣父《そうふ》（許由が手を洗った川を「穢れている」といって渡らなかった）、牧皮《ぼくひ》（曾皙《そうせき》とともに孟子が「孔子の所謂狂なり」と評した人物）、曾皙《そうせき》（孝行で知られる曾子の父）、子桑戸《しそうこ》（『論語』では子桑伯子《しそうはくし》となっており、孔子が「おおらか」と評した人物）、荘子《そうじ》（戦国時代の思想家）。天竺では釈迦、達磨などが優れた狂者である。

生まれつきの品格は人それぞれなので、道を求めて学び、徳を修めて見性成道に達する位を上・中・下の三段階に分ける。中は聖人の下の「亜聖《あせい》の大賢《たいけん》」。これは、三段階のうちの第一段の中の上の位。狂者は中の下、第二段の中の中の位だ。第三段の下の位を「狷者《けんしゃ》」という。学問をしても、この三段の位まで到達できなければ「俗学」だ。これらのことをわがものにできるよう励むことだ。

日本にも伝わった狂者の教え

【問】同じ狂者でも、巣父、許由、曾皙はその教え方が後世に伝わらなかったのに、釈迦と達磨《だるま》の教えは、二人の生国だけでなく、中国や日本にまで伝わったのはなぜですか。

【答】よい質問だ。聖人は太陽のようであり、狂者は星のようである。昼間は太陽の光が強いので、星はあってもその光は見えず、夜になって太陽の光が照らさなくなると、星の光がはっきり見えてくる。それと同じように、許由、曾皙などの時代には、堯《ぎょう》・舜《しゅん》・孔子が正午の太陽の光のように輝いたので、狂者の教えはあっても、その存在は白昼の星のようにしか見えなかった。そういう状況だったから信仰して心に受け入れるような人はおらず、狂者自身にも教え方を広めようとする気持ちがなくて、教え方を樹立しなかった。つまり、後世へ伝達する方法がなかったのだ。その点、すでに聖人たちの太陽が隠れて夜となった戦国時代に世に現れた荘子は、狂見ぶりを思う存分に発揮して、人に教え、書を著して、中国の狂者の教えの魁《さきがけ》となった。しかし、聖人という太陽の光が隠れてからまだそれほど遠くない頃だったので、その星の光も激しく強いというわけではなかった。

以上のことから聖人という太陽の光のない闇の世には、狂者という星の光が輝くという事実をよく考え学ぶべきである。

中国には聖人が数多く現れて、「三才一貫・中庸・精微《せいび》の教え」（天地人の三才を一つに貫く偏りのない中庸で精緻《せいち》を究めた教え）がさかんに行われたにもかかわらず、それらの太陽の光が隠れた後は、荘子が出たくらいだ。ましてや天竺《てんじく》（インド）では、とうとう聖人は一人も現れなかった。天竺では、天地開闢《かいびゃく》以来、釈尊の時代まで続いた闇夜の未開国だったから、釈尊の「狂見の教え」を衆生が信仰したのはもっともなことである。

天竺では、聖人の最上の教えがないので、三才を一貫する中庸で精微な教えの細密な領域まで悟ることはできなかったのだ。ただし、釈尊は、その広大で高明でありながら一方に偏った悟りを「大覚明悟《たいかくめいご》」（煩悩を脱して真実の悟りを得ること。大覚は悟った者。明悟は事の道理を明確に悟ること）だと信じ込んで、天竺の未開国の風俗に合わせた教化方法を打ち立て、衆生を教え導いたのである。

そして中国でも、戦国時代の後は、気運が逼塞《ひっそく》したために聖人や大賢は現れず、常闇《とこやみ》の世のような混迷した時節が到来し、〝天竺の狂者〟釈迦の説法が初めて中国へ伝わり広まったのである。そうなった時期が聖人の放つ正午の太陽の光がまぶしく輝く時節だったなら、なかなか広まらなかったろう。そう推測できる根拠は、許由、曾皙の二人である。また、日中間で国交が開始された時代は、中国で仏教が広まった最中にあたり、日本人留学生らがそれを学んで持ち帰り、流布したのである。

三才一貫・中庸・精微の至道

【答（続き）】釈迦や達磨が法を立てたそもそもの心根は、衆生が迷う情けない姿を見て、憐れみ、悲しんで、さまざまな寓話をつくった。勧善懲悪のためにひときわ殊勝な内容だったが、その徳は狂者の段階である上に、天竺という未開国の風俗にも配慮して創った教化方法だったから、どこか常軌を逸した偏ったことばかりである。しかも勧めるところの善はというと、「真実で妄《みだ》らなところのない最高の善」（真実無妄の至善）ではなく、「天地人を一貫する中庸で精微な最高の道」（三才一貫・中庸・精微の至道）にも背いていて、人の道の妨げとなることが多いのである。

聖人の中庸の法でさえ行跡にこだわり過ぎると、人の道にさしさわりがある。まして中道をはずれた狂者の偏った法をその行跡だけを取り行っていたら、おかしなことになる。元来、釈迦や達磨の心根は「勧善懲悪」のためだけであったが、その末流には善を懲らしめ悪を勧めて人心を迷わすような不心得者も現れ、その様子はまるで艶っぽい音楽とか美しい妖美な女のようである。それらはいずれも、その流れをくむ僧侶の犯した誤りとはいえ、本来は狂者の見解が十分に熟していなかったのが原因。その教法が粗末で迂闊だったからにほかならない。

釈迦も達磨も優れた狂者なので、もし聖人たちと同じ時代に会っていたなら、間違いなく、偏りのない中庸で精微を尽くした細密なところまで悟ることができて、中行《ちゅうこう》の位に至ったはずだ。たとえ中行の位まで至らなかったとしても、許由や曾皙などのようになって、このように世の中を惑わす教法は立てていなかったに違いない。聖人が世に出ない末開国に生まれて、その説く法が広まったことは〝幸いに似た不幸〟というしかない。

難波の葦は伊勢の浜荻

【問】大唐《だいとう》（中国）と天竺は十万里も隔《へだ》たっています。加えて、釈尊と中国の狂者の作法には異なる点が多くあるので、同じ狂者とは言い難いと思うのですが、いかがでしょう。

【答】言葉と作法で吟味したり論評したりするのは、心の狭い凡夫のやることで、とても情けない迷妄である。国の違いや言葉や作法にこだわる暗愚さが心にあると、道を正しく理解できないし、儒道と仏道の違いをわきまえることもできないだろう。行跡に縛られないで、心はどうなのかをよく観察する理をまず学ぶべきだ。国や地域の違いは多種多様だが、根源をたどれば、太極（宇宙）と呼ぶ本体とその働きである神道によってすべて誕生しているのだから、十方世界（東西南北、東北、東南、西北、西南、上方、下方）すべてが一つの神の道。国と国が隔たれば言葉や風俗は異なるが、中国も日本も他の国々も、もともと神道という共通の同一体（一つの本体）なので、心の位は少しも違わないはずだ。

そういうことなので、心眼（本心）が曇っていない哲人は、所によって階位（品《ほん》）が変わってしまう行跡ではなく、どの国でも変わることのない共通の心で論評するのである。

総じていえるのは、聖人も賢人も、狂者も狷者も、一心不乱に「見性成道《けんしょうじょうどう》」へと邁進する。だから、その心をじっくり観察して位を決めないといけない。荘子、釈迦、達磨は、言葉や作法は違っているが、心が目指すのは「見性成道」という同じ位。「狂者」「仏」と呼び方に違いはあっても、「見性成道」という心の位は一つなのである。

ところで、天竺《インド》で「仏」「如来」と崇《あが》め貴《たっと》ぶ者の心の位について言及するなら、中国で狂者と呼んでいる「中行《ちゅうこう》」より下の人の心の位になる。この話は「難波《なにわ》の葦は伊勢の浜荻《はまおぎ》」（難波で葦と呼んでいる草は伊勢では浜荻と呼ぶ）という諺と似た意味だと考えるとわかりやすい。

真儒と「見性成道」

【問】「見性成道」の心の位を観察することは、凡人にはなかなかできません。どのような学問をすれば、理解できるようになりますか。

【答】物を見るときは、高いところから見下ろすと、見やすいし、わかりやすい。低いところから高いところを見上げると、見えにくいし、わかりづらい。心で心を観察する場合も、それと同じだ。聖賢の心で狂者、狷者、凡夫の心を見る様子は、太陽や月が万物を照らすような感じになる。それとは逆に狂者、狷者、凡夫の心で聖賢の心を窺い知ろうとする様子は、夜間に谷に灯《とも》した松明《たいまつ》の火で峰を見ようとするのと何ら変わらない。

そういうわけで、真儒の心学以外の学問では、なかなか理解することは難しいのだ。ただ、真儒の心学を十分に切磋琢磨して修学して「大覚明悟」の位にまで到達できるようなら、荘子、釈迦、達磨などの心を観察しても、白昼に黒白を見分けるような感覚で簡単にわかるようになるだろう。ただし、荘子や仏教の学問を究めた程度では、聖賢の心をどれくらい理解できるかといえば、富士の麓から頂上を仰ぎ見るようなものだ。

そういうことなので、釈尊の流れをくむ者の中にはとても聡明な人も多いのだが、いかんせん、概して偏見が強い。たとえば、安置されている本尊はほかの寺と同じなのに「うちのお堂に安置された御本尊の方が尊い」とおかしなことを口走る。かと思えば、「小乗仏法の浅い教えの部分ですら、儒教の最高の深い説法を超えている」とか「釈尊は大聖。孔子は小賢」と威張ってみたり、「仏教は内典（仏教の典籍は内典）を用いる聖教。儒教は外典（仏教以外の典籍）を用いる俗教」あるいは「儒教は外道《げどう》（邪教）」などと儒教を痛罵《つうば》して世間を幻惑、人々をたぶらかしているのである。

まさに「無知な者ほど平気で向こう見ずなことをする」（盲《めくら》蛇に怖《お》じず）という諺が教示するような「迷い深い心」のおもむくままに、まるで頭にぽっかりと口が開いているかのごとく、傍若無人に議論しているのだが、その道の元祖である釈迦や達磨の心に背いているという道理すらわかっておらず、浅ましい限りだ。そういう議論は、「我慢」※（自分に執着し、高慢になる）や「邪慢」※（徳がないのに徳があると自慢する）に該当する戯言《たわごと》に過ぎず、笑止千万だ。何とも哀れで嘆かわしい。

身分や地位が高く聡明な人でさえ、そのように道を取り違えてしまうのは、教える方法が中庸の精神に背いているからである。その法を制定した心根《こころね》自体は悪くはないのだが、末流に連なる学者が意味をはき違えてしまったために、峰へ登ろうとしたのに谷へ下りていく結果を招いてしまったのだ。他者と争って勝とうと焦る〝我慢の魔心〟（思い上がった魔心）を払いのけ、儒教・仏教という宗派の違いを頭の隅からきれいに消し去って、「至誠無息」「不二《ふに》一貫」へと至る心学本来の精神を究めるなら、大宇宙に無限に広がる神の妙理（太虚寥廓《たいきょりょうかく》の神道）を悟ることができ、何の疑いも湧いてくることはないのだ。

※我慢・邪慢　我慢は今の言葉の意味ではなく、「慢心」（他人を侮り、驕ること）を意味する仏教語。①慢《まん》、②過慢《かまん》、③慢過慢《まんかまん》、④我慢《がまん》、⑤増上慢《ぞうじょうまん》、⑥卑慢《ひまん》、⑦邪慢《じゃまん》を「七慢」という。

※不二一貫　不二は「二つにして一つ、一つにして二つの不即不離の関係」をいい、たとえば「体用一体」は、天道と天命の関係でいうと「天道が体（本体）、天命は用（作用・働き）」だ。この関係が「一貫する」（一つに貫かれる）のだから、「一体」「合一」を意味し、「天人合一」といった言い方がされる。「物我《ぶつが》不二」「心物不二」「心法不二」という表現もある。

老子、孔子、顔子

【問】先生の教えを承りますと、仏は聖人より二段階くらい下の「見性成道」という位になります。ところが仏者は、「違う。『我遣三聖化彼眞丹《がけんさんせいけひしんたん》』（『摩訶止観』の「我、三聖を遣はして、彼の真丹と化せしむ」）という経文が証拠だ」と主張します。その意味は「釈尊が仏力で弟子三人を大唐《だいとう》（中国）に遣わし、老子、孔子、顔子（顔回）の三聖人に化身させ、大唐《もろこし》の衆生を救済した」ということで、もしそうなら孔子も顔子も釈尊の弟子ということになるわけです。そういった論理の矛盾には目をつむって、「孔門の儒者たちが、これといった理由もなく仏法を退けるのは論外だ」と声高に嘲《あざけ》りまくるのです。どのような因縁からそんなことを口走るのでしょうか。

【答】それは、沙門（僧侶）が片意地を張り、偏っているところに原因がある。仏教の学問だけを究めて、「井の中の蛙大海を知らず」といった体《てい》で「仏道を超える道はない」と豪語し、儒者が仏法を排斥するのを怒ったことから「我慢の邪心」（自惚れという邪悪な心）が激しくなったのだ。しかし、道理に基づいて儒者を論破しようとする覚悟がなかったために、作りごとをでっち上げ、しかもそれを釈迦にかこつけて、言い負かされるのを防ごうとしているのである。

釈尊はすぐれた狂者で、そのように汚らしく争ったり嫉《ねた》んだりする心はもとよりない。沙門らがおぞましい作りごとをでっち上げたことは、釈尊を〝屁負《へお》い比丘《びく》〟（大勢の僧が集まっている中で屁をしながら、誰かのせいにする）にしてしまったわけで、釈尊に対しても罪を犯したというべきである。筋が通らないその作りごとは、いってみれば、父母の働きのようにも思えるが、そうではない。

太虚（大いなる虚空）の統治者を仮に「皇上帝《こうじょうてい》」（「大いなる天帝」の意味で『書経』（湯誥《とうこう》）に登場する表現。一般には「昊天上帝《こうてんじょうてい》」）と呼ぶなら、その帝が命を発し、天神地祇（天地の神々）が万物を生み育てたのだ。しかし、この神理（天理）を理解することなく、「釈尊が仏力で弟子を大唐へ派遣し、孔子に化身させた」などと説くのは、笑止千万な作りごとにすぎない。「釈尊のお手製の木像がある」などというのもその類いというべきで、古来、仏像細工の巧みな仏者が数多くいたのである。「釈尊の仏力が生身の人間を生み出す」などというのは、「水で物を焼く」ことと少しも変わらない。加えて、釈尊の「妙覚《みょうかく》」（煩悩を断ち切って涅槃《ねはん》の境地に達した仏の位）という位は、中国では「狂者」の位に該当する。つまり、大聖人孔子よりずっと劣った「見性成道」の位に位置づけられるわけで、どう考えても孔子が釈迦の弟子の化身にはなりえない。

総じて仏典は、いずれも何らかの寓意を込めて書かれている。愚かな民をたぶらかすような寓意を並べたてた仏典の筆法にならって儒道を排斥しようと考える沙門の心根は、実におろかで低次元である。

それだけではない。「我慢」（自惚れ）という邪心が根深くて強いから、さまざまな作りごとをし、あるいはまた儒書の文章の表面的な意味を学ぶことにのみ終始し、その奥深くにある意味を少しも理解しようとせず、儒教と仏教の深浅・高低・虚実・内外の違いをむやみやたらと言い立てることで、仏を尊信し、儒教を譏《そし》って卑下するのである。その手の沙門は昔から掃いて捨てるほどいる。このことは、他人を尊敬し愛する一方で自分の親を卑しみ憎む凡人の迷いそのものであって、天に唾《つば》するよりも愚かで情けない行為だ。

儒教・儒学・儒者と天の道

【答（続く）】もっと詳しくいうと、天神や地祇は万物の父母であるから、太虚の皇上帝《こうじょうてい》は「人倫の太祖《たいそ》」（人間の始祖）という存在になる。そうした神理に基づいた視点で眺めてみると、聖人・賢人、釈迦・達磨、儒者・仏者、自分・他人など、人の形をしてこの世に存在するありとあらゆる命あるものは、例外なく、皇上帝や天神地祇が生み育てた子孫である。また儒道は、別の言い方をすると、皇上帝や天神地祇の神の道なのである。そういう関係が成り立つのだから、人の形をしたものが儒道を譏り、その教えに背くことは、先祖や父母の道を譏り、その命令に背いていることにほかならない。

前述したように、われわれ人間の太始祖《たいしそ》（初代帝王）である皇上帝《こうじょうてい》や大父母に相当する天神地祇の命《めい》を畏敬し、その神道を尊崇して受用《じゅよう》（受け入れて実践）することを「孝行」あるいは「至徳要道」と名づけ、「儒道」と呼ぶことにしたのである。その教えが「儒教」であり、儒教を学ぶことを「儒学」というのだ。以上のことをよく学び、しっかりと心に刻みつけるだけでなく、自ら実践する者を「儒者」というのだ。

そもそも釈迦は、道の大意を悟った狂者で、すでに父浄飯王《じょうぼんおう》の棺を担《にな》おうとして果たせなかったものの、大乗経典の『梵網経《ぼんもうきょう》』（『梵網経盧舎那《るしゃな》仏説《ぶつせつ》菩薩《ぼさつ》心地品《しんじほん》第十』の略）には、「孝順は至道の法なり。孝を名づけて戒《かい》となす」といった「孝順至道《こうじゅんしどう》の法」（父母への孝行を最高の道とする規範）が説かれており、孝行に暗い人ではなかったが、「孝徳」の全体である「精微の密」までは悟れなかったことから「中行《ちゅうこう》」の位まで昇れなかった。釈尊がもし儒道のことを聞いていたとしたら、間違いなく儒道を尊信し、受け入れたに違いない。釈尊が「孝順至道の法」を説いたことや父王の棺を担《にな》おうとしたことから、そう推測できるのだ。しかし、釈尊の流れをくむ後世の僧侶が「我慢の邪心」をつのらせ、親を譏る以上の畏れ多い道理をわきまえずに、儒道を言いたい放題に譏った姿勢は、まったくもって驚くべき迷いと評すしかない。

淫声美色

【問】　巣父や許由は狂者の位なのに、聖人の位の堯舜は両者を斥《しりぞ》けようとはしませんでした。曾皙や原壌《げんじょう》も狂者ですが、聖人の位の孔子は両者を斥けていません。そう考えると、釈尊も狂者ですから、仏法を斥ける道理は成立しません。しかし、程子は「老子や仏教は皆、正しい路に生い繁っている雑草のようなもので、聖人の教えの門を蔽い塞いでいるから、まずこれを切り開いてその道に入らないといけない」（『明道先生行状及遺書』巻十）といっています。さらに「釈迦の言葉は、楊朱《ようしゅ》（楊子《ようし》）や墨翟《ぼくてき》（墨子《ぼくし》）の説と比べると、もっとも道理に近いとされる。だからこそ、その害は甚大である。学者は、まるで淫声美色《いんせいびしょく》（淫靡《いんび》な声・妖美な容色）のように、これを遠ざけなければならない。そうしないと、馬が駆け込むような勢いでその中に飛び込んでしまう」（同書巻十二）ともいいます。

一方、朱子は『大学章句』（『大学』の注釈書）の序で「異端（老子・釈迦）による『虚無《きょむ》寂滅《じゃくめつ》』（心を空虚にして煩悩から離脱し、悟りの境地に入る）の教えは、内容の高さの点では

『大学』を超えているが、実を伴っていない」と批判し、『中庸章句』（『中庸』の注釈書）の序で「老子・釈迦の弟子たちが世に出るに及んで、次第に理へと近づいたが、かえって真実を大きく乱す元凶となった」と指摘し、さらに「程顥《ていこう》・程頤《ていい》の兄弟（程子）が登場し、彼らの研究のおかげで、孟子以後、約千年もの長きにわたって埋もれてしまって世に伝わらなかった千載不伝《せんざいふでん》の聖人の教えの糸口を紡ぐことができた。また程兄弟の立てた説は、老子と釈迦の説は『是に似た非』として斥けた」と語っています。このように激烈な勢いで排斥したのはどういう理由からですか。

【答】　先述したように、巣父、許由、曾皙、原壌などの時代には、聖人の堯、舜、孔子の放つ太陽の光が強かったから、〝狂見〟（おかしな見解）といわれる理想に走って意思を曲げない教えを広めても、世の人々を導く聖人の教えの妨げとはならなかったのだ。しかも、「狂といわれるような思慮分別を欠く者でも、自らを省みれば聖人になれる」（惟れ狂も克《※こ》く念《おも》へば聖と作《な》る）ような人でもあったので、斥けなかったのだ。

だが、程子や朱子が活躍した宋代には、儒道の勢力は暗澹《あんたん》たるものとなり、仏法が隆盛となったことから、その末流に連なる僧侶がさまざまな意見を好き勝手に述べ立て、釈尊の本意に背いた造言《つくりごと》はまき散らすわ、異法はでっち上げるわで、世の中を混迷状態へと陥れたり、人々をたぶらかしたりしたことから、やむにやまれず前述したようなかたちで仏法を排斥し、後々の世のため人のためにその迷いを解き明かしたのである。つまり、孔子が門弟の原壌の脛《すね》を杖で叩いて「※賊と為《な》す（道徳を乱し、世の人に害を与える者だ）」と叱責したことの意義を受け継いで斥けたのであって、何の根拠もないことではないのだ。

仏氏（釈迦）の流れをくむ許由や曾皙のように、自分の心の中でだけ〝狂見〟を守り、世教《せいきょう》（世の中に受け継がれていく教え）を妨害しなかったなら、程子も朱子もそのようなかたちで排斥しようとはしなかっただろう。君子は仁孝に対する心が切実なので、天下を汚濁にまみれさせ、人を禽獣の領域へと堕落させたことを憐み嘆いて、激しく排斥したのだ。仏者が勝つことを願う邪心から儒道を嫉むような考えとは違う。

※賊と為す　『論語』（憲問篇）に「原壌《げんじょう》夷《い》して俟《ま》つ。子曰く、幼にして孫悌《そんてい》ならず。長じては述《の》ぶる無し。老いて死せず。是を賊と為すと。杖を以て其の脛《すね》を叩けり」とある。（原壌は、〔自分の母が死んだときも歌を歌っていたが、〕訪ねてきた旧友で同郷の先輩孔子を蹲《うずくま》って立て膝という非礼な態度で迎えたため、孔子は怒り、「君は、幼い頃は年長者への礼を欠き、長じてからは人に語れるような善行もせず、老いさらばえた今は死ぬことさえできずに人々に害をまき散らしている」と叱責し、手にした杖で原壌の向こう脛《ずね》を叩いた）

※惟れ狂も克く念へば聖と作る　『書経』（周書多方篇）に「惟《こ》れ聖も罔《な》ければ狂と作《な》り、惟《こ》れ狂も

克《よ》く念《おも》へば聖と作《な》る」（聖人でも自らを省みないと思慮分別を欠くようになり、狂といわれるような思慮分別を欠く者でも自らを省みれば聖人になれる）とある。

心法の立て方

【問】釈尊が教法をつくったそもそもの真意は勧善懲悪のためでした。釈尊は、道の大意を悟った人なので、その教法がそれほどまでに世を惑わし、人々をたぶらかして獣域へと陥れるようなことはよもやあるまいと思うのですが、いかがでしょう。

【答】不審に思うのはもっともだ。易学に精通しないと納得しがたいところではあるが、さしあたってその表面的な大意を説明しよう。『礼記』（経解篇《けいかいへん》）の「ちょっとした違いが大きな誤りにつながる」（子曰く、之を差《たが》うに毫釐《ごうり》なれば、謬《あやま》るに千里を以てす）とする聖人の教えは、「心法の立て方に毛一本ほどの微細な違いでもあると、その議論や行跡の誤りは、やがて千里もの大きな違いに発展する」という意味だ。

そういうことであるから、まず最初にどのような悟りを開きたいのか、その修行内容の精粗（精緻か粗雑か）、生熟《しょうじゅく》（初歩的か円熟的か）、高低（目指す位は高いか低いか）といった段階《レベル》についての「心法の立て方」の違いをよくわきまえておかないと、儒教と仏教のどちらが真実《ほんと》でどちらが虚妄《うそ》かを判別するのは難しい。

窮理・尽性・至命

【答（続き）】　人は、究極的には「迷い」と「悟り」の二つになる。迷っているときは凡夫、悟ったら聖賢・君子・仏・菩薩である。この迷いと悟りが同じ一つの心の中にある。人欲が深く、無明《むみょう》の雲が厚く覆って、心の月の光がかすかで闇のような状態を「迷いの心」という。それに対し、学問修行による功を積み重ねた結果、人欲が清らかになって、無明の雲が晴れ、心の月の霊妙な光が煌々と照らす状態を「悟りの心」という。この悟りの心を、仏教の経典は「無心」「無念」「本仏《ほんぶつ》」「妙覚」「仏《ぶつ》」「化身仏《けしんぶつ》」などと名づけた。「無碍《むげ》」（妨げるものは何もない状態）「清浄位《しょうじょうい》」ということもある。前述した「高明広大な道体《どうたい》」を悟る狂者の心の位がこれである。そのように悟った無欲で無為で自然な心の霊覚な状態を「真心《しんしん》」「真性《しんしょう》」「霊性《れいしょう》」「仏心《ぶっしん》」「仏性《ぶっしょう》」と定めた。これ即ち、釈尊や達磨の「心法（心の規範）」の本質である。

「三大乗《さんだいじょう》」（万有の根底となる理《ことわり》の「理乗《りじょう》」、理に随《したが》って働く智の「随理《ずいり》」、智によって自ら悟りを得て他者を教化する「得乗《とくじょう》」）と呼ぶ観念や千七百則ある禅宗の公案《こうあん》（参禅者に与える問題）はすべて、この本質に集約できる。「無碍清浄《むげしょうじょう》」という位とか「無心無念の本仏」の実体は何とも不可思議で、理屈がちっとも通じないところがある。

儒教では、この「無碍清浄」という位の上に不思議な神通力が加わって「神理・霊気」の域にまで達し、「二つに見えて実は一つ、一つでありながら実は二つ」（不二の二、不一の一）、即ち「一つの物事の両面」（表裏一体）という理を明確にわきまえ、そこからさらに一段と向上させたところに「精一《せいいつ》（純粋一途《いちず》）な神化」という高みがある。その神化を成し遂げた者を「聖人」と名づけたのだ。聖人は「至妙天真《しみょうてんしん》・艮背敵應《※ごんはいてきよう》」（絶妙かつ純真・無欲無私な最高の徳によって、すべてに対応できるオールマイティー）という位になる。

そこへ至る神化の段階で、「結胎純熟《けったいじゅんじゅく》」（人の受胎に喩えた表現で、心に宿った徳の種が芽を出し、決して汚《けが》れることなく純粋に円熟していく過程）がまだ途上にある者を、聖人に次ぐ「亜聖の大賢」（孟子、顔回ら）と呼ぶ。亜聖の大賢の位は「中行」である。中行は、無欲・無為・自然な「真心・無碍・清浄」という位の上で、「至妙天真・艮背敵應」がやがて聖胎を結ぶので、亜聖の大賢の議論や行跡は聖人のそれと変わらない。これを「大一天真《たいいってんしん》の神道」（大一は太虚のことで「太一」とも書く）という。

許由、巣父、會晳、荘子、釈迦、達磨などは、無欲・無為・自然を備えた「真心《しんしん》」を明らかにすることで「無碍清浄《むげしょうじょう》」という位に到達することができた。そこを最高の中道、そして山頂と定めたのだが、「至妙天真・艮背敵應」という位を目指した修行が聖胎を結ばなかった、つまり、徳の種が心に宿らなかったので、その心は無欲で無為で清浄で自然ではあったが、その対応の仕方についての議論や行跡がやりたい放題の「妄行」（みだらな行い）となってしまったので、聖人の位に必要な「艮背敵應の天真」に背いていた。

だが、天真（天から賦与された真性）に背いてはいても、心は無欲・無為・清浄・自然なので、悪と呼ぶべきでもない。悪でなくても天理には適ってはいないから天真ともいえず、「無欲の妄行」（心のままに無茶な振る舞いをするが、欲得による計算はない）とでもいうほかない。聖人は、そういう者を「狂者」と呼んだのだ。狂という字をじっくり考察すると、「無欲妄行」の意味がおのずと明らかになろう。

熟考すればわかるはずだが、仏者は「※元気《げんき》」（根源の気）の霊覚（霊感より上のレベルの霊性《スピリチュアリティ》）を悟り、それが最高の修行であると錯覚したため、元気と呼ばれる作用（働き）をしている「※元神《げんしん》」（根源の神）という本体の方の霊覚は悟ろうとしなかった。ただ無欲・無為・自然であることだけを「心法」（心の規範）として心を元気の霊覚にのみ委《ゆだ》ねた結果、心が荒れ、行状も常軌を逸し、道理に反する狂妄《きょうもう》へと向かったのだ。

儒者は、「窮理《きゅうり》・尽性《じんせい》・至命《しめい》」（『易経』説卦《せっか》伝「理を究め、本性を尽くして命に至る」）を心法として無欲になるので、清浄で無為で自然で無碍《むげ》なことはいうまでもなく、専ら元神の霊覚に導かれて従うだけであり、その心は精緻で霊妙、行状は中庸で正しいのである。宋の儒者陳楽軒《ちんらくけん》が「儒者が道を悟ると、心がますます細やかになる。禅僧が道を悟ると、心がますます粗《あら》っぽくなる」（儒者道を悟るときは則ち其《そ》の心愈《いよいよ》細かなり。禅家道を悟るときは則ち其の心愈粗し）と表現したのも、そういうことをいっている。

元神と元気は、前述したように「不二《ふに》の二、不一《ふいつ》の一」といわれる表裏一体の関係にあり、両者間には実に微妙な違いしかないが、その議論や行状の誤りを距離に喩えると千里以上もの開きがある。よって、その教え方は勧善懲悪だが、勧める善は「皇極《※こうきょく》の至善」（中庸を貫く最高の善）ではないということになる。

※艮背敵應（重要）「無欲・無私、心が静かで安定していること」をいう。『翁問答』には「聖人の心は艮背敵應にして意必固我《いひつこが》（私意・必達・固執・我執）の私なき」という表現もある。『易経』に出てくる用語で、艮背は「背中に止《とど》まる」の意味。目鼻口手足など動くものはすべて体の前にあるが、背中は動かない。つまり、心が背中のようになると無欲・無私になる。敵應は「対立」状態で、陰と陰、陽と陽が向き合って反応せず、動かず、じっとしている状態。つまり、艮（止まっている状態）と同じ。『近思録』（存養類）は「艮の道とは、まさに背中に艮《とどま》ることだ。体の前でいろいろなことが起こるが、背中は知らん顔。見ないのだ。見ない場所に止まると、

欲で心が乱れることはない。止まること即安定である」（艮の道、當《まさ》に其の背に艮《とどま》るべし。見るところ、前に在りて背は乃《すなわ》ち之に背《そむ》く。是《こ》れ見ざるなり。見ざるところに止まるは、則ち欲を以て其の心を乱ること無《な》くして止まること乃ち安し）と説明している。

※八卦 ☰ 乾《けん》（天） ☱ 兌《だ》（沢） ☲ 離《り》（火） ☳ 震《しん》（雷） ☴ 巽《そん》（風）
☵ 坎《かん》（水） ☶ 艮《ごん》（山） ☷ 坤《こん》（地）。

※元神と元気 元神が本体で、元気はその作用という不即不離・表裏一体（不二の二、不一の一）の関係にある。万物を生成する上で、根源となる神が元神で、根源となる気が元気。

※皇極の至善 「中庸を得た最高の善」を意味する『書経』（洪範篇）の言葉。皇＝大、極《きょく》＝中で「大中至正の道」ともいう。大中至正は、王陽明と弟子の問答集『伝習録』（序）に出てくる言葉で「偏りがなく極めて公正」という意味。明治十二年発布「教学聖旨」（明治天皇の命で元《もと》田《だ》永孚《ながざね》が起草）にも「大中至正の教学」と記された。蒋介石の座右の銘としても知られる。

無欲・無為・自然・清浄

【答（続き）**】** 「悪」と名づけて懲らしめたり戒めたりする悪の中には、本当の悪ではないものもある。異性と交わらない「不婬《ふいん》」の類いがそれだ。釈尊は、十九歳で天子の位を捨てて山中に入って苦行し、三十歳で悟りを開いてからは、人間本来の生理を営まず、あるときは乞食までし、人として守るべき倫理を無視し、人との接触を忌み嫌って、衆生を導くためのさまざまな仮説や方便（手段・方法）を説いて愚かな民をたぶらかした。それらの誤りは、どれも「無欲・無為・自然・清浄」という位を極上と定め、元気の霊覚まかせの一本の髪の毛ほどのごくわずかな違いに端を発した無欲妄行のなせるわざなのだ。

その流れをくむ後世の僧侶が、またよくなかった。釈尊の到達した妙覚《みょうかく》（最高の悟り）である「真性《しんしょう》・無為・無碍・清浄」（真性は天性、無碍は自然のまま）という位を心地《しんじ》（心の本性）で悟ろうと努力せず、ただ釈尊の無欲妄行を真似て追体験しようとしただけだったのだ。その結果、「我慢」（自惚れ）という名の邪心の度合いが凡夫よりも深くなり、言葉巧みに偉そうなことを言い散らかし、ちょっとしたことでも自分が優位に立ちたいと願って、愚民をたぶらかそうとすることに執着した。同じ流れをくんでいるにもかかわらず、偏執的な我慢（自惚れ）が災いしてぶつかり合り、互いに譏り合ったのである。

その様子は、貪欲な農夫が田の境界である畔を争うよりも醜悪である。そういう現実があるのに、仏者は「宇宙の根元である太虚を超越すれば、類いなく貴くなれるのだから、父や兄を尊敬する道理などない」などといって、両親を大切に思いもしないし、父兄を敬いもしないのである。そこへ、黄檗《おうばく》禅師あたりが母を殺してしまったことを「真実の大孝だ」と褒めたり、「『三綱五常《さんこうごじょう》』（君臣・親子・夫婦の三つの道と仁・義・礼・智・信の五つの道義）は現世における幻の営みであって、菩提（悟り）の種にはならない」などといってかどわかしたり、親を殺した極悪人でも念仏を唱える功徳によって必ず極楽浄土へ往生できるなどと教え諭《さと》した。

そのほかにも、あれやこれや、さまざまな寓話を言葉巧みにでっち上げては人心を惑わし、禽獣の領域へと引きずり込むなど、世教の妨げとなる事柄はいちいち数えられないほどだ。そのようになったのは、正しく学ばなかったからで、後世の僧侶の罪ではあるが、そもそもの原因は釈尊の無欲妄行に端を発している。釈尊の心地（修行の段階）が「無碍清浄」という位であるのはいいとしても、その妄行が天真に差し障るような教法は斥けなければならなかった。

時代を遡ると、前に触れた原壌という狂者は孔子の旧友だった。原壌は、後に狂見（おかしな理論）をたくましくして退けられても仕方がない妄行に及んでいる。そのため、孔門の諸賢人は「先生は絶交すべきではないか」と語り合ったが、当の孔子は「故者《こしゃ》にはその故《こ》たるを失うこと毋《な》し」（『礼記』檀弓《だんぐう》下篇）といって、絶交しようとはしなかった。しかし、これも先に触れたが、原壌が立て膝をして座っていたときには「賊と為す」といって、ついていた杖で原壌の脛《すね》を叩いて戒め、その作法の悪さを責めた。

孔子の聖なる言動の本意を慎んで考えてみると、原壌と師弟関係を絶たなかった理由は、「吾《われ》中行を得て之《これ》に與《くみ》せずんば、必ずや狂狷か」（『論語』子路篇）という発言で気づかされる。脛を叩いたのは妄行の誤りを悟らせ、中行の位へ導く「※不屑《ふせつ》の教誨《きょうかい》」（教え誨《さと》さないのも教え方）であろう。だから、「※洙泗《しゅし》の流れ」（孔子の学問の系統）をくむ真儒は、この聖人の教えを手本とし、釈尊の心は是認するが、その妄行は断固退け、釈迦が説法をした霊山の糠粕《そうはく》（ぬか・かす）で酔って戯《ざ》れ言《ごと》をいう僧侶らを教化して儒門の艮背敵應（無欲・無私で安定した心）の学者に変えることも、※仁民《じんみん》（民に仁を施す）の一端であろう。

※仁民　「民に仁する」と読む。『孟子』（尽心上篇）に「親《しん》を親《した》しみて民に仁し、民に仁して物を愛す」（親族と親しみ、そこで感じた気持ちから推し量って民に仁を施し、民に仁を施した気持ちで物を愛する）。聖徳太子の「十七条の憲法」（第六条）にも「民に仁」という表現がある。

※不屑の教誨　『孟子』（告子下篇）に「孟子曰く、教えも亦《また》術多し。予之《われこれ》を教誨するを屑《いさぎよ》しとせざる者も、是れ亦之を教誨するのみ」（教え方はたくさんある。私は教え誨すことを潔しとしないが、それもまた教え方の一つだ）。

※洙泗の流れ　孔子が弟子たちに学問を講じた山東省の泗水《しすい》とその支流の洙水《しゅすい》の流域と、孔子という主流とその支流である弟子たちの学問の流れをかけた表現。

通一不二と天人合一

【問】　元神と元気は「通一不二《つういつふに》」（一つに通じていて二つではない関係）の本質なので、狂者もすでに「清浄無碍《むげ》」という位に到達した心であれば、元神の本質も悟るべきだと思うのですが、いかがでしょう。

【答】　聖人の場合、「生知安行《せいちあんこう》」といって、生まれながらにして物事に通じており、安心して実行できる。天と同化（天人合一《てんじんごういつ》）しているから、元気がおのずと天人を一貫させ、天と人の気を通じ合うという妙用（霊妙な作用）が活発に行われるのだ。だが、大賢より下の者はそうはいかない。学問修行に励んで悟りを開かねばならないから、「見性成道《けんしょうじょうどう》」（本性を見極めて悟りを開くこと）に段階があるように、こちらにも段階があるので、「中行」の位の者が悟りを開く段階ではまだ悟れず、また狂者が悟りを開く段階では、狷者はまだ悟りを得られないものなのだ。

　そのことは、喩えていうと、山へ登るときのようである。麓から峰の頂までは、どこも同じ一つの山であるが、その頂まで登りきらないと、そこに生えている草木の様子を詳しく見知ることはできない。それと同じ一つの心ではあるが、連なった山の頂に登り立たない限り、元神の霊覚を悟ることはできないのである。

中行と天真

【問】「中行」に到達できないうちは儒門の学者も仏家の学者も同じことでしょうか。

【答】心の位については、精神状態が不安定な段階を馬に喩える〝意馬《いば》の奔走《ほんそう》〟であり、初学の間は同じでも、修行の道は真と妄の違いがある。たとえば、山に登るようなものと思えばよい。儒門の学者が苦労しながら懸命に登る道は、峰までよく通じている安全な道。それを登るようなものだ。いつも変わらない道なので、これを「天真」という。他方、仏家の学者が修行して登る山は、八合目に途切れている場所があって、峰の頂きまで道が通じていない厄介なところを雑木や萱の茂みを掻き分け掻き分けして登らなければならないような状態だ。険阻で道もなく、人が通れないところなので、これを「妄行《もうこう》」（筋道がわからない、でたらめな行い）という。

初学の間、双方の心の位が違わないのは、山を登る道が同じで、高低も同じような感じだからだ。しかし、足元の道が真だから登りやすいとか、妄だから登りにくいというのは、また別の問題である。このことをよく認識しておく必要があろう。

五戒と五常

【問】「五戒」（殺生・偸盗《ちゅうとう》・邪淫・妄語・飲酒《おんじゅ》）と「五常」（仁・義・礼・智・信）。「呼び名は違っているが、心は同じだ」と仏者はいっています。間違ってはいないように思うのですが、どうでしょうか。

【答】それは「知らぬ京物語」（見物したこともないのに、みだりに京の話をすること）というものだ。五常は天神地祇の大徳であり、人に生まれつき備わっている性質（天性）であって、仏者が極上として尊んでいる「妙覚」の仏性よりも位が一段階上の「無上無外の天徳」である。そういう気高い五常を、一つのことにのめり込む偏った「五戒」を説く法と同じと弁じるのは、「金と鉛は名前は違っているが、同じ鉱物だ」と言い張るようなもの。その見分け方は論ずるまでもないのだが、まだ心学のことをよく知らない者にはそのように迷ってしまうこともあるかもしれない。

仏教の矛盾に迫る

【答（続き）】 仏者は、仁者《じんしゃ》（仁徳を身につけた人）が人を殺すことを好まないのを見て、天理の真妄《しんもう》（真実と虚妄）の違いをわきまえもせずに「不殺を仁の全体の姿」とみなし、「殺生戒は仁なのだ」と説明する。こういうのを「是に似た非」というのである。そもそも「仁」とは、天神地祇が人や物を発育させる神道であり、人を慈愛する神理なのである。もとより「親を親《しん》しみ、民に仁し、物を愛す」（親族と親しみ、民に仁を施し、物を愛する）という『孟子』（尽心上篇）の教えがあるではないか。自然の摂理に背いては草木一本さえ切らないのは仁者の常だが、悪逆なことをして自然の摂理を損なう罪人は、天理を恐れることなく、殺すことが仁であるとするのである。

「殺・不殺」の問題に必要以上に深入りして「仁・不仁」を論じるのは、愚かな凡夫のすることだ。刑死させるべき罪もないのに殺すことは、そもそも不仁である。だが、殺すべき罪があるのに殺さないと神道の摂理に反することになり、罪なき者を殺すのと同じ不仁になる。ところが、今日の仏者が説く「殺生戒」は、蚤《のみ》や虱《しらみ》も殺さないという法であり、人の場合は親を殺す悪人であってもその罪を許して殺さないことを基本としている。こういうのを「仁に似た不仁」「善に似た悪」「是に似た非」というのだ。このような〝にせもの〟に正真の神理と比較できるだけの資格が果たしてあるのだろうか。

「偸盗《ちゅうとう》戒」を義というのは構わない。しかし、儒者のいう義は、『易経』が教える天の四徳（元亨利貞《げんこうりてい》）の一つの「利《り》」（「宜《ぎ》」「吉《きち》」の意）で、人が果敢に決断すべき神理を示しており、天下の諸事に精通してそれぞれの任務を果たすための大本である。それに対して、仏者の「不盗」（盗まない）という粗略な行跡を一つだけ示して「高明広大の義である」と主張する論理は、滋賀県にある三上山《みかみやま》（「近江富士」と呼ばれているが、標高は富士山の三七七六メートルに対し、わずか四三二メートルしかない）を富士山というのと異ならない。

ただし、「邪淫戒は礼である」という点は似ている。だが礼は、これも天の四徳（元亨利貞）の一つである「亨《こう》」（「通《つう》」「成《せい》」の意味）で、人が恭敬すべき厳粛な倫理だ。よって、礼は天下の諸事に広く通じ、上は宗廟、朝廷から下は民間に至るまで、人倫の交わり、冠婚葬祭、飲食、軍陣など、あらゆる天理や法則を踏み行うことを主宰することになる。そういう壮大な存在であるから、「不邪淫《ふじゃいん》」（邪淫でない）という一例だけを取り上げて「礼に適っている」と論じるのは、柄杓《ひしゃく》一杯の水を「大海の水」と言い張るようなものだ。

　加えて、仏教が戒めとしている邪淫は、とうてい「天理の真《まこと》」（天真）に適うものではない。仏教が妻以外の女性との交わりを邪淫とするのは「死法《しほう》」ともいうべきもので、偏った考え方である。儒教の法は、庶民の場合は妻一人と定めているが、天子から士《さむらい》までは位に応じて后《きさき》、夫人《ふじん》、世婦《せいふ》、妻《さい》、妾《しょう》の人数にふさわしい自然な天則というべきものがあり、妻一人だけという定めはない。そのわけは、子孫相続の道が根本にあり、婦人に子ができない場合もあるからである。いうまでもなく、位ごとに決められた人数をはずれたら「邪淫」となる。また、決められた人数内の妻妾でも、交接すべきでないときに交わるのは「邪淫」として戒めている。その時々に応じた義理に従うのを法の眼目としているのである。これを「活法《かっぽう》」という。

そのほか、仏法は出家に「不淫《ふいん》」（淫するな）と戒めている。しかし、それはまっとうな筋道の立たない「妄法《もうほう》」というもの。飢渇《きかつ》した人に「飲食するな」と戒めるのと変わらない。だからこそ、末流の僧侶は淫欲を抑制できなくなり、男女の交わりに近い感覚が得られるという理由なのか、大便道《アヌス》を用いた男色に走り、「陽根女陰のない部位や和合すべきではない箇所に執着する煩悩はない」などとお家芸ともいうべき例の屁理屈をこねまわし、檀家に性欲処理を強要したり、男の子を女の姿かたちに似させて稚児・喝食《かつじき》（禅宗・律宗）と呼んで和尚や上人の妻とする。こんなことは、おぞましく言語道断である。

元来、「不淫戒」という法自体が天理に背いた法であるから、末流の僧侶がそうした畜生道にも劣る作法に走るのだ。仏者は「文殊《もんじゅ》菩薩が不淫戒の道を初めて切り開いた」などといってきたが、文殊は、すでに悟りを開いた仏陀に次ぐ位の菩薩になっている人なのだから、肉欲に屈してそのようなおぞましい行為をするわけがないことは明白だ。おそらく、例によって仏教の僧侶の作りごとであろう。

「夫婦の別」は、本来、「智」に属するものだ。にもかかわらず、「礼である」と仏者が主張するのは、儒道のことをよく知らないからか、それとも「飲酒戒《おんじゅかい》」には当てはまらないからなのか。

「妄語戒」を「信である」というのは、それでよい。しかし、信は「天徳の至誠」として人が守るべき「真実無妄の神理」であり、「五常百行《ひゃっこう》」（五常はすべての行いの基本）の根本となるものだ。『論語』（顔淵篇）にも「古より皆《みな》死あり、民に信なくば立たず」と説かれるほどの広大で親切無類な天性（生まれながら人が天から授かった本性）である。そのような徳に対して「不妄語」（みだらな言葉を口にするな）という一事をこじつけようとするのは、九牛の一毛の特徴をすべての牛の毛の特徴とするようなもの。

飲酒の罪とは

【答（続き）】「飲酒戒」を「智なり」というのは理解しがたいことである。おそらく、凡夫が酒を飲んで泥酔して正常心を失い、威儀を乱す様子を見て戒めたことなのではなかろうか。そうなるのは、飲む者の過ちであって酒の罪ではない。喩えていうなら、食事をしていてむせてしまった者が、食事を忌み嫌うようになるのと同じだ。『論語』（郷党篇）にある孔子流の飲酒法「不及乱《ふきゅうらん》」（ただ酒は量無し、乱に及ばず）という儒法を心がけて酒を飲むなら、賓客も主人もともに喜び合えるし、肌はつやつやになって気血のめぐりもよくなって、まさに「百薬の長」というにふさわしい。酒はまた、祭祀には欠かせないものなので、偏った考えで一方的に禁止べきものではない。

物事の是非をよくわきまえ、知ることが「智」というものなのだ。それなのに、そのように偏り、ねじくれた戒めを守る者を「智者」と呼べるだろうか。しかも智は、『易経』がいうように、「常」とか「正」を意味する天徳の「貞」にして、人が是非を判断すべき霊明（人智を超えた神聖で尊く不思議な力）であり、絶妙な衆理《しゅうり》（多種多様な理）によって万物を司る神理なのであるから、「飲酒戒は智である」と主張するのは「石を玉だ」と言いくるめるのに等しい。

このように、似て非なるものを同じものと言い張って真妄《しんもう》を混乱させるのは暗愚というべきか、自惚れが強いというべきか。いずれにせよ、仏者の法の多くは邪道で偏りがある。中には道理に適っているものもあるが、かたくなにこだわることで「死法」と化してしまい、受容するもののすべてがその法に束縛されることになるのは、いやはや、あきれ返るしかない。

佞人になるべからず

【問】佞人《ねいじん》（おもねる者）とは、どのような人をいうのでしょうか。

【答】心がねじ曲がっていて、ごまかすのが上手な者を佞人というのだ。才智に長け、芸能や文芸が人より優れ、弁舌が巧みで、邪欲が深く、義理を守れない。人を騙すところは野狐のようだし、人を傷つけるところは虎や狼のようだ。そういう心根を持つ者が佞人の棟梁である。

その虎、狼、野狐《やこ》（狐の姿をした妖怪）のような邪心をうまく隠して才智、芸能、文芸、弁論を駆使して君子に化けて、人をたぶらかす能力は、狐どころではない。その結果、凡夫は誰も彼もが化かされてしまい、「君子だ」ともてはやすのである。古来、この佞人という名の狐に化かされて天下を滅ぼし、国を失った者は数知れない。この〝佞人狐〟は、世間がもてはやす有名な出家、諸士のほか、芸で身を立てている士や俗儒の中から多数出ているようだ。天子、諸侯は用心するに越したことはない。

いつの世にもいる郷原

【問】「郷原《きょうげん》」というのは、どのような者をいうのですか。

【答】〝めくちかわき〟（目端《めはし》がきき、口も達者）と世間でいっている者を「郷原」という。郷原は機転がきく利口者で、才覚が人より優れ、どんなことにも精通していて上手に処理する。孝悌忠信を励行し、廉直（清廉実直）無欲な生き方をし、何の欠点もないように見えるが、実はそうではない。その志は、今どきの人が褒める名誉と、主君の信頼を得て立身出世することで得られる利益の追求に専心しており、義理も法も顧みず、名利の欲という泥にまみれている。そのように汚らしく穢れた性根なので、孝悌忠信の行いや廉直無欲の心得がどこか軽薄で、腹が据《す》わっていない。日和見《ひよりみ》主義という好ましからざる点もあり、孝悌と似ているように見えるものの、真実の孝悌ではない。廉直無欲に似ているようでありながら、真実の廉直無欲ではないのである。心で義理を守らず、利害に対する分別が賢明な分、おそらく武道の方面は鈍重ではなかろうか。

「利口者は絶対に臆病だ」などと世間でいっているのは、郷原の二流な生き方を見て皮肉っているのだ。郷原の本質は名利への欲望であり、利害に対して目端がきくので、陰ひなたの見分け方がうまい。義理を欠いても恥とは思わないから、生まれつき勇気があっても、場合によっては義理は二流ということになるのだ。

君子は英才教育を受けているが、賢いという点で郷原とは性質が異なり、義理の是非に関する事柄に対しては賢くても、郷原が名利にかける賢さに対しては鈍感で、利害についての分別はまったくないといってよく、そのせいで陰ひなたの見分けがつかず、ひたすら義理を立てようとするので、かりそめにも義理が二流になることはない。

しかしながら、郷原が世間に多く存在するのに対し、君子は稀であるから、郷原の賢さばかりが目について「利口者は絶対に臆病だ」などと世間で言い慣わすのも、もっともなことというべきではないか。この郷原の機転は賢明であって、過去の行跡に深入りせず、一つの物事に執着もせず、表面的な動きは多少は中行の君主の様子に似たところもあるが、肝心な道徳をないがしろにしているので、孔子はことのほか嫌悪し、「郷原は徳の賊だ」といって退けた。今の世の中には、この手の郷原のなりそこないが多くいるように思える。志のある士は、そういう連中とは親しく行動を共にしてはならない。

礼法と権

【問】「経《つね》」（常）の礼法と異なる形で道に適うようにしても、「権《けん》」の道であることに変わりはないと伺っています。それでよいのでしょうか。

【答】　権は、「聖人が霊妙に行う神道の総称」である。大きな出来事としての権は「堯舜の禅譲《ぜんじょう》」（伝説上の聖帝堯が、わが子ではなく、治水に功績のあった舜に帝位を譲った）や「湯武の放伐《ほうばつ》」（殷の湯王は夏の桀《けつ》王を討伐して南巣《なんそう》へ放逐。周の武王は殷の紂《ちゅう》王を討って誅した）を挙げることができ、小さな出来事としての権は「周公の吐握《とあく》」（吐握は、吐哺握髪《とほあくはつ》または握髪吐哺《あくはつとほ》の略。周公は、賢者が訪ねてくると、洗髪中は髪を握り、食事中は口の中の食べ物を吐き出してでも会った）や「孔子の恂々便々《※じゅんじゅんべんべん》」（孔子が相手によって異なる礼を行った）があるが、それらは、一つひとつの言動の微細なところに至るまで、すべて権の道に適っている。だから、後漢の趙《ちょう》岐《き》が口火を切った「経（常のやり方）に反して道に適うのを権という」（経《つね》に反して道に合《ごう》す。之を権と謂《い》う）とする説は大きな誤りである。程子がすでにその誤りを正しているように、権は「枰《はかり》のおもり」なのだ。

神道を権と名づけた意味だが、聖人は天と一体だから、その至誠が息《やす》むことはなく、過去の事跡にこだわらず、事物にじっと滞ることもなく、独りで活発に往き来しながら行う言動が、天道の神理にことごとく当てはまる。その様子は、天枰《てんびん》を使って物の軽重を量る作業が、ちょうど枰のおもりが一か所に停止することなく、棹《さお》の目盛りを往ったり来たりするのとよく似ているところから、枰のおもりに因《ちな》んで権という名称にしたのだ。

大賢以下の人は、その気質が邪魔をして明徳が権を行うことができないことから、聖人が天下のために「礼法」を定めたのである。その礼法も内容的には権の道だが、法として固定してしまうと行跡を意識せざるを得なくなり、その場その場で自由に変化適応する活発さが失われるので、権といわないで礼法というのである。

このような意味を知らずにただ漠然と礼法にこだわり、しかもそればかりやって「時《じ》中《ちゅう》の神理」（時宜を得た中庸を行う天理）に背くことを「※非礼の礼」と名づけたが、君子たる者はそういうことはやらないものだ。ところが、「この非礼の礼も真実の礼のうちに入る」などと迷っている者は、聖賢の行跡が礼法と違っているのを見て疑問を抱き、「礼と権は別物だ」と納得する始末。権の正確な意義がわからないと、せっかく心学を志して、懸命に※致知力行《りっこう》（筋道を究めようと粉骨砕身）しても、「欣真落法《きんしんらくほう》」（真の欣《よろこ》びを求めて誤法に従う）の地をさまようことになるだろう。

『大学』にある「※能慮《のうりょ》」という言葉はこの権を詳しく分別する工夫をいい、同じく「能※得」は、この権について納得して受け入れ、わがものとして活用するという意味である。法はあっても法に落ちず、あるところもないところもなく、決まったところも決まっていないところもない。そういう「権」という字の深い意味をよく理解することだ。

※恂々便々　『論語』（郷党篇《きょうとう》）に「孔子は、郷里にいるときは（両親や年長者に配慮して）温和で慎み深く、思っていることもいえない純朴な感じだった。魯《ろ》の宗廟や朝廷で祭政の話をするときは、道理に適った筋道の立つ言い方ではっきりと物をいったが、どこまでも謙虚だった。政庁では部下の下大夫《かたいふ》とは和やかに楽し気に話し、上司の上大夫《じょうたいふ》とは謹み敬いながら話した。主君には恭しく敬いつつも、ゆったりくつろいだ態度で話した」（孔子郷党に於て、恂々如《じゅんじゅんじょ》たり。言う能《あた》わざる者に似たり。其《そ》の宗廟朝廷に在りては、便々《べんべん》として言う。唯謹《つつし》めり。朝《ちょう》に下大夫《かたいふ》と言えば、侃々如《かんかんじょ》たり。上大夫《じょうたいふ》と言えば、誾誾《ぎんぎん》如たり。君に在せば、踧踖《しゅくせき》如たり。與與《よよ》如たり）

※非礼の非　『孟子』（離婁下篇）に「孟子曰く、非礼の礼、非義の義は、大人はなさず」。

※致知力行　『近思録』（序）に「夫れ学の道は致知力行の二つにあり」。

※能慮・能得　『大学』に「安くして后《のち》に能《よ》く慮《おもんばか》る、慮って后に能く得《う》」（自分が置かれた境遇や地位に安んじて、いつも熟慮しているなら、良い結果が得られる）。

権のほかに学なく、学のほかに道なし

【問】そういうことであれば、初学の者でも「権」を行ってよいということですか。

【答】権は聖人が妙用するものであって、初学者が受用することはできない。しかしなが

ら、学問をする際は、権を工夫の必達目標にするとよい。そのやり方を喩えていうと、鉄砲を撃つようにすること。江戸時代初期の砲術家稲富一夢《いなとみいちむ》が狙っても、初心者が狙っても、的に変わりはないが、稲富は撃つごとに錐《きり》で開けた小さな穴を打ち抜くが、初心者は大きな的板も撃ち損じる。的に当たるのと当たらないのとでは天と地ほどの差があるとはいえ、目標の狙いどころを違えるようでは習う価値がない。初学者の受用と聖人の妙用とではまさに天地の隔たりがあるが、権を標的として工夫しない限り、明徳を明らかにできる道はない。

【問】『論語』（子罕《しかん》篇）にこういう文章があります。「一緒に学べても、同じ道に進むとは限らない。同じ道に進んでも、一緒に世に出られるとは限らない。一緒に世に出られたとしても、同じように臨機応変に対処できるとは限らない」（子曰く、與《とも》に共《とも》に学ぶべきも、未だ與に道に適《ゆ》くべからず。與に道に適くべきも、未だ與に立つべからず。與に立つべきも、未だ與に権《はか》るべからず）。聖人のこの教えから察して、「権」は初学の者が云々できるような命題ではないと思えますが、いかがでしょうか。

【答】この聖人の教えは、学者らが到達できる位置はそれで十分と判断して、それ以上は目指そうとしない志の低さを戒め、さらなる意欲を掻き立てようとするのが主な意図である。初学者の「権」について云々しているわけではない。「與《とも》に共《とも》にすべき学」とは、つまり、この権の道を修得する学問である。「與に適《ゆ》くべき道」も、同じくこの権の道だ。権のほかに道なく、道のほかに権なし。権のほかに学なく、学のほかに道なし。ただし、それをどう受け入れ、自分の血肉に変えられるかという点で、生か熟か、大か小か、精か粗かといった違いがあるだけだ。

以上のことから、聖人の教えの主意は、どうやって工夫し、どのようにして成就させたのかについて、その一部始終を明らかにすることで、神道の無上至極な素晴らしさを指し示し、学者の目標を示したのである。『孟子』（滕文公上篇《とうぶんこう》）に、こういう一文がある。「孟子は人の本性は善であるという。そして、必ず古の聖帝堯舜を称賛する。公明儀《こうめいぎ》がいうには、文王は自分の師である。周公がどうして自分を欺くことがあろうか」（孟子、性善を道《い》う。言えば必ず堯舜を称す。公明儀曰く、文王はわが師なり。周公豈《あに》我を欺かんや）

このような賢明な手本を見聞するだけで終わらず、自分で実際に体験して確かなものにしないといけない。だが、もしこの目標のことを知らないとなると、たとえ心学を学ぶ者であっても、一種類の礼法に心を奪われる「欣真落法《きんしんらくほう》」の境地に必要以上にこだわって、礼に関して非礼なことをいっぱいしでかすに違いない。

時中に適う

【問】 朱熹の『論語集註』※（子罕篇）に洪《こう》氏（『楚辞補注』で知られる宋の学者洪興祖《こうそ》）の引用としてこんなことが書かれています。「権は、聖人のような人物が用いるからこそ多大な効果がある。道に立つこともできない者が権について云々するのは、志もないのにいきなり行動するようなもの。頓挫しない方が不思議だ」（権は聖人の大用《たいよう》、未だ能《よ》く立つこと能《あた》わずして権を言うは、猶《なお》人未《いま》だ能く立つこと能わずして行わんと欲するがごとし。仆《たお》れざること鮮《すくな》し）。この言から考えると、先生の教えの道筋を歩まず、自分勝手に能力以上のことをしてしまう弊害が生じるのではないかと思うのですが、どうでしょうか。

【答】 その言は「権」を工夫目標とするのを戒めているのではない。「権」の意味を取り違えて道を踏みはずす者への戒めが趣旨である。「権」の意味を正しく理解できず、進むべき道の支障にしてしまう者には二つのタイプがある。

一つは、おかしな見解（狂見）に陥った者だ。権道の法には落ちず、行跡にこだわらず、表層的なものへ目を向けて中庸にして精微であるべき規範をわきまえず、無欲な心のおもむくままに、行跡や法と距離を置くのが最上の道と信じて、神道の権に背く。禅を学ぶ者がそのような境地をさまよっている。どうしてそうなるかというと、権の「体段」（実体）

と「景象」（表に現れている姿かたち）を取り違えているからだ。権の体段が徹頭徹尾「中庸にして精微な神理」なのに対し、法に落ちず行跡にもこだわらないのが「権の景象」と悟らず、いってみれば、その影を見て本体の形とみなす誤りを犯している。

もう一つは、俗儒が学問の間口を無造作に広げ、「礼法にこだわらないのが権」と錯覚して「時中に適うか否か」という判断を無視、ただ欲に走る心のままに礼法に背くのがそれだ。ただ、そのときに「そうする自分の心に義に反するものがある」と少しは認識するのだが、度を超す傲慢さのせいで、「権」という名を隠れ蓑《みの》にして言を左右し、門人らをたぶらかすだけでなく世間をも惑わせ、道の妨げとなるような者がいるのである。

朱熹は、それら二種類の〝権の偽物〟を戒めようとして洪氏の格言を『論語集註』に引用したのである。物事の道理を明快にわきまえることが肝要である。

※ **『論語集註』の「権は聖人の大用」云々**　『論語』（子罕篇）に「子曰く、学ぶべきも、未《いま》だ與《とも》に道に適《ゆ》くべからず。與に道に適くべきも、未だ與に立つべからず。與に立つべきも、未だ與に権《はか》るべからず」（一緒に学んでも、同じ道に進めるとは限らない。同じ道に進んでも同じ志を持てるとは限らない。同じ志を持っても、同じことを臨機応変に対応できるとは限らない）

溺れる者をなぜ助けたいのか

【問】『孟子』（離婁上篇）に淳于髡《じゅんうこん》（『史記』に登場する斉の弁論家）と孟子の次のような問答が出てきます。

淳于髡「男女間の物品のやりとりは直接手渡ししないのが礼でしょうか」（男女授受《じゅじゅ》するに親《みずか》らせざるは礼か）

孟子「礼である」（礼なり）

淳于髡「では、嫂《あによめ》が川で溺れたら、直接手をさしのべて救いますか」（嫂溺るれば則ち之を援《すく》うに手をせんか）

孟子「溺れる嫂を目の当たりにして救わないのは山犬や狼と同じ。男女間の物品のやりとりを直接手渡ししないのは〈礼〉だ。それに対し、嫂が溺れ、救おうとして手をさしのべるのは〈権〉なのだ」（嫂溺れ、之を援わざるは是れ豺狼《さいろう》なり。男女授受するに親らせざるは礼なり。嫂溺れ、援うに手を以てするは権なり）

淳于髡「天下は今、溺れている状態にある。先生が救おうとしないのは、いかなる理由によるのか」（今天下溺る、夫子《ふうし》の援わざるは何ぞや）

孟子「天下が溺れる事態に陥ったときは道で救い、嫂が溺れる事態に陥ったときは手で救うのである。あなたは、手で天下が救えるとでも思うのか」（天下溺るれば、之を援うに道を以てし、嫂溺るれば、之を援うに手を以てす。子《し》手もて天下を援わんと欲するか）

『孟子』のこの文章を考えると、「経」と「権」には差異があるように思えるのですが、いかがでしょうか。

【答】漢の儒者の「経《けい》に反し道に合《かな》うを権と為《な》す」という説は、この文章を読み違えたものだ。『孟子』の文章の「礼」は「礼法」のことをいっている。礼法は広く世間一般で行われる平生《へいぜい》の急務について定めたものであり、非常時の突発的な出来事に対する礼法はない。

われわれが「道」と呼んでいるものは、この太虚（宇宙）に満ちあふれるほどあり、体から切り離せない存在であって、平生の日常生活で行われている礼法も道の一つなのだ。また、非常時の変事に対処することも道である。「権」は道の総称なので、礼法も元をたどれば権に属するわけだが、物事の様相が定まって行跡もあるので、権とは名づけにくく、法と名づけたのである。

非常の変事

【答（続き）】「嫂が溺れる」という命題は「非常の変事」であって、これを救う礼法はないという理由で、孟子は、嫂が溺れるのを救うのに手を使うのは礼ではなく権であるとしたのだ。権は道の総称、つまり「権即道」「道即権」という関係が成り立つことから、孟子は「道なり」という意味合いをも含めて「権なり」といったのである。

『孟子』の文章が「男女授受《じゅじゅ》するに親《みずか》らせざるは礼なり。嫂溺るるを之を援うに手を以てするは道なり」となっていたら、「経に反して道に合う」とする誤った説は生まれなかったはず。孟子が「権なり」としたことで、漢の儒者が「権」の字にこだわりすぎ、疑問を招いたのである。

この文章の主意は、「礼」と「権」の違いを明確にすることではない。儒者としての望ましい道は、法に束縛されず、行跡にこだわらず、『中庸』のいう「上は天の時（季節・天候・自然条件など）に従い、下は民が大地の水や土に従って生きる」（上は天の時に律《りつ》し、下は水土《すいど》に襲《よ》る）ようにし、『大学』のいう「最善の状態から離れないように懸命に努力する」（至善に止《とど》まる）こと。それが根本であると教示しているのだ。

淳于髡自身の私心で孟子の様子を観察し、孟子が諸侯の無礼さを嫌悪して誰にも仕えようとしないのを見て「礼法に強いこだわりがある人なんだ」と思い込み、「嫂が溺れる」という事例に寓意を込めて孟子を風刺したのである。そういうことだったから、孟子は、儒者としての道は、もっぱら「権」を主とし本とし、物事にこだわることなく、行跡に深入りすることもない、自由闊達で活気にあふれた道であると知らせることで、その迷いを解こうとして「道」といわずに「権なり」と論じたのである。

『孝経』(三才章)に「夫れ孝は経《けい》なり。地の義《ぎ》なり。民の行いなり。天地の経にして民是《こ》れ之《これ》に則る。〔天の明《めい》に則り、地の利に従い、地の利に因り、以て天下を順う〕」とあるように、「経」と「権」はどちらも道の総称であるから、「経」と「権」に違いがあるとするのは不可だ。ただし、「礼法」と「権」とは多少違いがあるというのは可である。

だが礼法は、元をたどると権道にほどよく文《あや》をつけたものなので、時宜《タイミング》に適う使い方をすれば「礼法即権」となる。それとは逆に時宜《じぎ》をはずした使い方をすると、「権」に背いて「非礼の非」となり、つまり、「礼のほかに権はなく、権のほかに礼はなし」ということになる。このように、権と礼は、名目的には少し差異があるが、実質的には「一理」(一つの道理)である。じっくり吟味することだ。

「祈り」と「神」と「祭礼」

【問】神明を信仰した方がよいでしょうか。

【答】神明を信仰するのは、儒道本来の意思。だからこそ、『孝経』は「先祖を天に配し、父を上帝に配して、神明と心が通じることが孝行の至極である」と説いているのだ。

『周礼』※(春宮大宗伯《しゅんぐうたいそうはく》)には、次のように記されている。

《大宗伯《たいそうはく》(最高長官の一人)は、国の天神・人鬼・地祇《ちぎ》(地神)の儀式を司《つかさど》り、王を補佐して国を安定させる。祭儀(吉礼)を執り行い、国の鬼神・地祇に仕える。〈禋祀《いんし》〉と呼ぶ煙を使った儀式で、宇宙の最高神昊天上帝《こうてんじょうてい》を祭る。柴の薪《まき》で牲牛《せいぎゅう》(生贄《いけにえ》の牡牛《おうし》)を焼き、その煙で日月星辰を祭る。〈槱燎《ゆうりょう》〉と呼ぶ煙を使った儀式で、司中《しちゅう》(文昌宮星《ぶんしょうきゅうせい》の第五星)・司《し》命《めい》(同第四星)の二星神および風神、雨神を祭る。牲《いけにえ》を殺した血を大地に滴らせる〈血祭〉と呼ぶ儀式で、社稷《しゃしょく》(土地の神と穀物の神)、五祇《し》(門・戸・部屋・竈《かまど》・道の各神)、五岳《がく》(東方の泰山《たいざん》・西方の崋山《かざん》・南方の衡山《こうざん》・北方の恒山《こうざん》・中央の嵩山《すうざん》の道教五聖山)を祭る。〈疈辜《ふくこう》〉と呼ぶ牲《いけにえ》を大地に埋める儀式で、四方の万物を祭る。〈貍沈《まいちん》〉と呼ぶ煙を使った儀式で、山林と川沢の二神を祭る」(大宗伯《たいそうはく》の職は、邦の天神・人鬼・地祇の礼を建つることを掌《つかさど》る。以て王を佐《たす》け邦国を建保《けんほう》す。吉礼を以て祀る。邦国の鬼神祇に事《つこう》まつる。禋祀《いんし》を以て昊天上帝《こうてんじょうてい》を祀る。實柴《じっさい》を以て日月星辰を祀る。槱燎《ゆうりょう》を以て司中・司命・飌師《ふうし》・雨師《うし》を祇る。血祭《けっさい》を以て社稷・五祀・五嶽を祭る。貍沈《まいちん》を以て山林・川澤《せんたく》を祭る。疈辜を以て四方百物《はくぶつ》を祭る）》

また『周礼』（春宮小宗伯《しょうそうはく》）では、戦時での祭礼にも触れている。

《大軍の場合は、役人を率いて軍中に社を建て、そこの主神に従う。合戦になりそうなときは、遠くはるかに望む日月星辰を祭る」（若し大師なれば則ち有司を師《ひき》いて車社を立て、主車《しゅしゃ》を奉ず。若し軍将《いくさまさ》に事有らんとするときは、則ち祭りに與《あづか》る有司を将《まさ》に四望《しぼう》を事とす）》。

そして『周礼』（春官肆師《しし》）は、こう記す。

《郊外に行軍して陣を設営したら、軍中《ぐんちゅう》に社稷（土地の神と穀物の神）と宗廟を設けて牲《いけにえ》を祭る。郊祭《こうさい》（冬至・夏至などに郊外で行った大がかりな祭礼）に準じ、昊天上帝を宇宙の最高神として祭る。兵を動員して山河の祭りを行う。このようにすべし」（凡《すべ》て師甸《してん》は、牲《せい》を社宗《しゃそう》に用い、則ち位を為す。上帝を類造《るいぞう》し、大神に封《ほう》ず。兵を山川に祭る。また、之如《かくの》し）》

※『周礼』原文は「凡師甸、用牲于社宗、則為位。類造上帝、封于大神、祭兵于山川、亦如之」だが、古来、解釈がさまざまに分かれ、定まっていない。この訳は筆者の解釈による。

一方、『礼記』（祭法篇）には、次のように記されている。

《祭法篇に、祭壇に柴の薪を積み、その上に玉と〈騂犢《せいとく》〉と呼ぶ牲《いけにえ》を供えて火をつけ、その煙を空高く登らせて天神を祭る。方丘《ほうきゅう》には玉と牲を埋めて地神（地祇《ちぎ》）を祭る。牲には赤色の犢《とく》（子牛）を用いる。〈泰昭《たいしょう》〉と呼ぶ壇に羊豚を埋めて四季神を祭る。〈坎壇《かんだん》〉と呼ぶ壇に寒暑神を祭る。〈王宮〉と呼ぶ壇に日神を祭る。〈夜明《やめい》〉と呼ぶ壇に月神を祭る。〈幽宗《ゆうそう》〉と呼ぶ壇に星神を祭る。〈雩宗《うそう》〉と呼ぶ壇に水旱神《すいかん》（洪水・旱魃の神）を祭る。〈四《し》坎壇〉と呼ぶ壇には四方神を祭る。山林・川谷・丘陵からさかんに雲が湧き、風雨を起こす怪異なものの正体は皆、神であるという。天下を統治する者（天子）は百神を祭る。諸侯は支配領の諸神は祭るが、その地を失ったら祭る必要はない」（祭法に曰く、泰壇《たいだん》に燔柴《はんさい》して天を祭るなり。泰折《たいせつ》に瘞理《えいまい》にして地を祭るなり。騂犢《せいとく》を用ゆ。少牢《しょうろう》を泰昭に埋《うず》んで、時を祭るなり。相迎《そけい》して寒暑を祭るなり。王宮に火を祭るなり。夜明に月を祭るなり。幽宗に星を祭るなり。雩宗に水旱を祭るなり。四坎檀に四方を祭るなり。山林・川谷・丘陵、能《よ》く雲を出《いだ》し、風雨を為《なし》て、怪物《かいもつ》を見《あらわす》を、皆神と曰《い》ふ。天下を有する者は百神を祭る。諸侯は其の地に在るときは則ち之を祭る。其の地を亡《うしな》えるときは則ち祭らず）》

《王が万民のために建てる社《やしろ》（地の神の祠《ほこら》）を〈大社《たいしゃ》〉という。王が自分のために立てる社は〈王社〉。諸侯や民のために立てる社は〈国社〉。諸侯が自分のために立てる社は〈侯社〉。大夫以下の者が合同で建てる社は〈置社《ちしゃ》〉である。王は百官以下庶民のために七社を創建する。司命、中霤《ちゅうりゅう》（部屋神）、国門《こくもん》、国行《こくこう》、泰厲《たいれい》（後継者のいなかった王）、戸《と》、竈《そう》の神々。王が自分のために七社を創建する。諸侯は国のために社を創建する。司命、中霤、国門、国行、公厲《こうれい》（後継者のいなかった諸侯）の神々。諸侯は自らのために五社を創建する。大夫は三社を創建する。族厲《ぞくれい》（後継者のいなかった大夫）、門、行《こう》の神々。適士《てきし》は二社を創建する。門と行《こう》の神。庶民は一社を創建する。家神だったり、竈神だったりする。（王群姓《ぐんせい》の為に社を建つるを大社と曰ふ。王自らの為に社を立つるを王社と曰ふ。諸侯百姓の為に社を立つるを国社と曰ふ。諸侯自らの為に立つるを候社と曰ふ。大夫以下群を成し（て）社を建つるを置社と曰ふ。王群姓の為めに七祀を立つる。曰く、司命。曰く、中霤。曰く、国門。曰く、国行。曰く、泰厲。曰く、戸。曰く、竈。王自らの為に七祀を立つ。諸侯国の為に五祀を立つ。曰く、司命。曰く、中霤。曰く、国門。曰く、国行。曰く、公厲。諸侯自らのために五祀を立つ。大夫は三祀を立つ。曰く、族厲。曰く、門。曰く、行。適士は二祀を立つ。曰く、門。曰く、行。庶士庶人は一祀を立つ。或は、戸を立て、或は竈を立つ）》

《夫れ、聖王が祭祀を制定し、正しい法を民に施した者は祀る。一命を賭して国事を当たった者は祭る。苦労して国を安定させた者は祭る。大災害を防いだ者は祀る。大患難を防いだ者は祀る。（夫れ、聖王の祭祀を制するや、法、民に施すときは則ち之を祀る。死を以て（国）事を勤むるときは之を祀る。労を以て国を（安）定むるときは、則ち之を祀る。能く大菑《だいさい》を禦《ふせ》ぐときは

則ち之を祀る。能く大患《たいかん》を捍《ふせ》ぐときは則ち之を祀る）》

《そして日月星辰。民が仰ぎ見るものだ。山林・川谷・丘陵は、民が稼ぎを得る場所だ。これら以外のものは、昔の典籍にも記載されていないから祭る必要はない。『論語』（八佾《はちいつ》篇）に『神がそこにおられるように祭るのだ』とある。（及び夫《か》の日月星辰、民の瞻仰《せんごう》する所なり。山林・川谷・丘陵は、民の財用を取る所なり。此の族に非ざれば（也）。祀典《してん》に在《あら》ず。『論語』（八佾篇）に曰く、神を祭ること神の在《います》が如くす）》

——以上の聖人の教えをよく考えて、儒教においては身命をもっぱら信仰しているという事実を理解することだ。これは、外神《がいしん》（家の外に祀る神）に仕える上での大法である。先祖の鬼神（霊魂）を祀るのは、これとは異なる。日本の神道の礼法には、儒道の祭祀の礼と合致する点がある。そしてさらに、三社（天照大神・八幡大菩薩・春日大明神）の御神託の意義とか、儒者が神明に奉仕する気持ちになれるようなら、「日本は后稷《こうしょく》（周の先祖）である」とする説は意義深いことである。

さて、神明に奉仕するには、各人の位に応じた掟や作法があるので、それぞれの国の風俗をもとにして天の定めた祭祀の礼をも照らし合わせ、飲食や行動を慎み心身を清めて信仰することが第一である。ところが仏者は、神明を信仰することを「※雑行雑修《ぞうぎょうざっしゅう》」と小馬鹿にし、神通力についても「仏は六通《ろくつう》、神は五通《ごつう》」などと見下すが、まったくもって畏れを知らない言いぐさである。

※雑行雑修　正行（読誦《どくしょう》・観察・礼拝・称名《しょうみょう》・讃嘆供養《さんたんくよう》）ではない行を修養すること。

※仏は六通、神は五通　神通力（超能力）とされるのは①天眼通《てんがんつう》（千里眼）、②天耳通《てんじつう》（絶対音感）、③他心通《たしんつう》（読心術）、④宿命通《しゅくみょうつう》（前世を知る能力）、⑤神足通《しんそくつう》（神出鬼没）、⑥漏尽通《ろうじんつう》（煩悩を滅し、この世に再び生まれないことを悟る能力）。⑥が神にはないと仏教は主張。

道の道たる本意

【問】　先生の教えを承って思うのは、儒道の説く最高のことばかりです。自分も他人も実行しなければならないことではありますが、日本の風俗がよくないので、実行しがたいと思うのですが、いかがでしょう。

【答】　それは、道の道たる本意をわきまえずに儒教の礼法に頼って「真実の道である」と納得する過ちである。儒道は、本来、太虚（大いなる虚空）の神の道であるから、世界の船や車が往き来する所や人の力が通用する所、天が覆っている所、地に載っている所、太陽や月が照らす所、露や霜が降りる所、血が通った生きている者が住んでいるような所などで、儒道が行われないということはないのである。

儒書に載っている礼儀作法は、時により、場所により、それを行う人によって、そのとおりには行われないものだ。儒書に記された礼儀作法は、そのほとんどが周の時代につくられたものである。その礼儀作法を少しも間違えずに位のない者が取り行うことは難しい。たとえ位の高い者がやったとしても、実際に行われたことと少しも変わらないようにすることは不可能である。本家の中国で取り行ったとしても、少しでも加えたり削ったりせずに行うのは無理と考えるのが道理というものだ。伏羲の時代から周の時代に至る代々の聖人がつくった礼儀作法は、その時代その時代にふさわしい「中庸を得た儒法」ではあるが、時が移り、世の中が変わったことで過不足の弊害が生じるので、付け足したり削ったりしないと時代にそぐわなくなる。

そういうわけで、どの時代にも通用する定法というのは少ないのだ。前に論じたように、礼儀作法は、時により所により人により変わるものなので、一種類の礼法にこだわってしまうことを「欣真落法《きんしんらくほう》」といって大変嫌う。殷の時代にはその前の夏《か》の時代の礼儀作法に加えたり削ったりして修正し、周の時代には殷の時代の礼儀作法に加えたり削ったりした（『論語』（為政篇）に「殷は夏の礼に因《よ》り、損益する所、知るべし。周は殷の礼に因り、損益する所、知るべし。其《そ》れ或《ある》いは周に継ぐ者、百世といえども知るべきなり」）。このことをよく理解すべきである。

初学の頃から「権の道」を目標にしないと、そのようなことを誤ったり疑ったりするようになる。儒書に書いてある礼儀作法を少しも疑わずに余さず取り行うことが儒道を行うことだと考えるのは、大きな間違いである。たとえ何から何まで儒書に書いてある作法と少しも変わらないようにやろうとしても、それを行う時・所・（それを行う人の）位にふさわしいと思える道理がないなら、儒道を行うべきではない。なぜなら、そういうのは異端だからである。それを行う時や所がふさわしくても、名利を求める私心があったら、それは〝偽者《にせもの》の小人《しょうじん》〟というものであって「君子の儒」※ではない。

また、たとえその行うところが儒書に書かれている礼儀作法と違っていても、そうすることが「中庸の天理」に合致し、私心がなく、「聖賢の心法」（聖賢の心の規範）に適っているなら儒道を行う君子といって差しつかえない。

このように礼儀作法に縛られることなく、真の儒道を行うなら、どんな国に身を置いたとしても行うのが難しいことは何もない。『中庸』（第十四章）が「夷狄《いてき》（未開国）の地にあっては夷狄のやり方に合わせ、なすべきことを行う。難儀な状況に置かれたら、その場で最もふさわしいやり方をする。君子はその時々の地位や境遇に不平や不満をこぼすことなく、その範囲内で全力を尽くし、それ以外のことを願う心がないのだ」（夷狄を素《そ》にして夷狄に行う。艱難を素にして艱難を行う。君子は入りて自得せずということ無し）と書いているのは、このことである。

※君子の儒　『論語』（雍也篇《ようやへん》）に「子、子夏《しか》に謂《い》いて曰く、女《なんじ》君子の儒と為《な》れ。小人の儒と為るなかれ」。道を学んで己の徳を磨き、人を治めて世の中をよくするのが「君子の儒」。私欲のために道を学び、名誉のために己を磨き、世に出て名を知られようとするのが「小人の儒」。

真実の儒道

【問】　そのような真実の儒道を行うための工夫は、どのようにしたらよいでしょうか。

【答】　その工夫としては、まず自惚れて浮ついている気持ちや名利を得たいと願う我欲を捨て去り、心を静かにして雑念や妄想を排除し、明徳の源である心の穢れを取り除いて澄んだきれいな心にし、「全孝の心法」（宇宙や人の倫理の根元となる「孝」の規範）を受け入れること。それが第一に必要不可欠な根本である。

さて、世間と交わる際の礼儀作法については、その国や地域の風俗が基本であり、何事につけても角をたてることなく、また目立たないように行い、作法も見るからに恭しくして謙遜する徳をよく守ることだ。そして、まかり間違っても、人に勝とうとして争うような〝魔心〟を胸に抱かないようにし、孝悌忠信の道を心の芯にしっかりと据えて日々の努力を怠らず、親には孝行を尽くし、君主に仕えたら忠節に励み、寄親《よりおや》（身元保証人）、位の高い人、年老いた人、人望の高い人などをよく敬い、友人には信頼されて義理を立て、兄弟には友人に対するように恭しく接し、妻子には義にそった慈愛をしめすべきだ。

このように振る舞うことを「儒道を行う」という。そのようにすると差し障りがあるというところは、世界のどこにもないはずだ。よく考え、努力して理解することだ。

中庸の神理

【問】そういうことであれば、今時の〝物読み坊主衆〟が剃髪して出家の真似をするのも道理に適っているということになるのでしょうか。

【答】俗儒の作法のことはよく知らないので、どうにも説明できかねる。日本の俗儒がそのようにするのは、髪を剃らないと官位に叙せられないという事情があってのことではなかろうか。真儒の道という観点に立って論じるなら、「中庸の神理」に適ってさえいれば、髪を剃っても構わない。

『論語』（泰伯篇《たいはく》）には、泰伯が孝行するために髪を剃り、体には入れ墨を彫ったという話が出てくる。そのような行為に対し、孔子は「泰伯の行いは、至徳と許すべきだ」（泰伯は其れ至徳と謂うべきのみ）と称賛した。髪を切り、入れ墨をしたことを褒めたのではない。泰伯の日頃の孝徳は誰の目にも十分すぎるほど明らかであって、行ったことの道理が中庸に適っている点を褒めたのである。

その意味を知らないからだろうか、泰伯のような孝徳もなく、義理もないのに、頭髪を剃って「自分の剃髪は、泰伯の断髪と同じことである」などと自慢する者がいる。そういう屁理屈は、『呂氏春秋《りょししゅんじゅう》』にある「舟に刻みて剣を求む」の愚挙（舟で長江を渡る楚の人が剣を水中に落としたので、落とした場所を舷に印をつけてその下の川底を探したが、舟は動いているので見つからなかった）でないなら、「烏《からす》を鷺《さぎ》」と言いつくろうような佞人（口が達者で媚びへつらう者）に違いない。

仁義を守ろうとする心がなく、何かを求めようとする理由もなく剃髪し、体に入れ墨を彫って走り回ったら、それは気狂いというものである。利欲が心の奥深くまで根を張っていて、高い知行を貪れる上座《かみざ》に上りたい一心で剃髪して「中庸の神理」に背く者を〝欲深《よくふか》小人《しょうじん》〟と呼ぶべきか、それとも〝売僧《まいす》坊主〟（商売上手な似非《えせ》僧侶）と呼ぶべきか。そういうことを考えずに髪を剃った点にだけ目を向けて吟味しては、物事の是非を正しく判断することはできない。剃髪した心根は遁世のためなのか、別の目的なのかなどと考えて批評すべきである。そうせずに表面的な出来事だけを捉えて吟味批判するのは、迷える凡夫のやることだ。本件に限らず、何かを判断するときは、そういう行動に至った心根まで吟味しないと、是非を誤ることがある。

この件に関しては、とてもわかりやすい例がある。昔、中国に実際にいた盗跖という大盗賊の話だ。数千人もの手下を率いて「将軍」を自称し、たくさんの村や里に侵略して強盗を働き、殺人を犯した。その件数は数えきれないほどで、武勇伝も他に例を見ないが、「名大将」という呼ぶ者は誰もおらず、「大泥棒」といって蔑《さげす》み、憎悪したのである。

日本の熊坂長範《くまさかちょうはん》（平安時代の大盗賊。源義経に殺された）も、盗跖のような男で、相当な剛腕ぶりであったが、誰も「武辺者《ぶへんしゃ》」（武芸者）とはいわず、「盗人」といって軽蔑した。熊坂長範の勇気ある振る舞いは、名大将や武辺者に劣らないものだったが、その心根にあったのが「盗み」だったために、その心を批判して「盗賊」というのだ。すべて、こういうことなのである。じっくり考えて理解するとよい。

艮背敵應にして意必固我

【問】　真実の儒道を行うには、名利に対する私欲を捨て去るのが第一の工夫であると先生はおっしゃいました。確かに名利への欲心は汚いものなので捨てたいのは山々ですが、名利への欲を捨てたら世の中での生活が成り立たないと思うのですが、いかがでしょう。

【答】　仏氏の偏った教えは、釈尊が天子の位を捨てたことや龐居士《ほうこじ》（唐代の仏教者）が家財を捨てた事例を無欲だったからとしており、そう言い聞かされたことで生じた誤解である。儒道では、そのように理由もなしに位を捨てたり財産を捨てたりする行為を「気狂いの欲なし」に喩え、強く忌み嫌っている。位につくのを欲があるとし、位を捨てるのを無欲とし、財産を貯えるのを欲とし、財産を捨てるのを無欲と考えるのは、まだ明徳を明らかにできずにいるからで、位を好み、財宝を貪ろうとする心根がまだ残っていて、外物に心ひかれ、利便性の高いものを選び分けようとする私心が働くのである。

聖人の心は、いわゆる「艮背敵應にして意必固我（我意・期必《きひつ》・固執・我執）」がないのである。つまり、あらゆることに無私無欲で柔軟に対応し、自分の意見を押し通したり強調しようとする私心というものがないから、富貴貧賤とか死生禍福といったことや、それ以外の世の中のすべてのこと、大小高低、清濁美醜といった点に対して、好き嫌いで選び分けようとする心情がまったくなく、全身全霊に一貫しているのは「皇極の神理」（不偏不党の神聖な天理）だけである。したがって、高い位に昇ることや財産を貯えることを我欲とすることはなく、かといって無欲でもなく、位を捨てたり財宝を捨てたりする行為を無欲とも欲ともみなさないのだ。

ただ、天道の神理に背くことは欲であり妄（道にはずれた行い）であるとし、天道の神理に適うことは無欲であり無妄（道にふさわしい行い）とするのである。そういう生き方なので、天理に適えば、天子の位に昇ることも財宝を貯えることも、あるいは、位を捨てることも財産を捨てることも、すべて無欲であり無妄ということになる。しかし、天理に背いているなら、天子の位を捨てることも財産を捨てることも、あるいは、位に昇ることも財産を貯えることも、すべて欲であり妄ということになる。欲と無欲、妄と無妄は、行う事柄の種類によるものではない。どれも心根に宿るものなので、どういうのが欲だと決めつけるのは、迷える凡夫の思い込みか、偏った異端の法である。

釈尊が、もしその心を悟っていたなら、王宮を檀特山《だんとくせん》（北インドのガンダーラにある須大拏《しゅたぬ》太子時代に菩薩修業をした山）か霊山（説法を行った地）か浄土とする「常寂光土《じょうじゃっこうど》」（仏の悟りである真理そのものが具現している世界）に設けるかした上で、煩悩を打ち砕く宝珠の名に因んで天子の位の名を「摩尼輪《まにりん》」と定め、身にまとう衣服は龍の模様の刺繡が施された天子の衣である袞衣《こんえ》ではなく、一般の人が着る粗末な麻衣《まえ》とし、座る場所も玉座ではなく、草座《そうざ》（草で編んだ敷物）として、礼楽刑政《れいがくけいせい》（礼儀・音楽・刑法・政治）について説法をして衆生を救済すべきだったのではないか。

だが釈尊はそうはせずに、王宮住まいを嫌って山に分け入り、きらびやかな袞衣《こんえ》や玉座を避けて麻衣や草座を好んだのである。釈尊は、どのような心境でそうしたのだろうか。『周易』（『易経』）の表現を用いていうなら、「艮背敵應相與らざる《ごんはいてきようあいあずか》」ときは、王宮も帝位も自身を汚すことにはならないはずではないのか。山中で静かに瞑座することがどうして自身を成長させるというのか。たとえ、王としてのきらびやかな衣装を身にまとい、華やかな玉座に座ることで、どうして自身の価値を下げることになるのか。粗末な麻衣を着て草座に座ることがどうして自身を清潔にするというのか。私には疑問だ。

「無欲の徳行」VS「貪欲の妄行」

【答（続き）】『周易註《しゅうえきちゅう》』（『周易』の注釈書）を著した王弼《おうひつ》（三国時代の政治家・哲学者）の詩に次のような一節がある。

曾《かつ》て是巣由《これそうゆう》浅し
始めて知る堯舜の深きことを
蒼生豈物有《そうせいあにもの》らんや
黄屋喬林《こうおくきょうりん》の如し

昔は巣由（巣夫《そうふ》と許由《きょゆう》）の考えは浅はかと思った
だが今、堯舜の考えの深いことを初めて知った
人民は恵まれた暮らしをしていないが
天子のところには喬木林のようにあり余っている

この詩は、「艮背敵應相與らざる」の意味を実にうまく言い表している。前述した「堯舜の禅譲《ぜんじょう》」や「湯武の放伐《ほうばつ》」は、どちらもこの詩に込められた意味と同じだ。行《おこな》うことに違いはあっても、そうした心に欲がなく、「潔静精微《けつせいせいび》の天理」（清潔で静謐な至誠の極致を追究する天の理《ことわり》）が明浄（汚れなく清らか）で、しかもそれが「時中の天理」（そうする時《タイミング》を最適《ベスト》にする天の理）に適うことを「無欲」「無妄」とするのである。たとえその行いが義理でなされたとしても、そうさせた心の中に「欲」が少しでも潜んでいたら「無欲」とはいえない。それどころか、心に欲が根ざしているだけでなく、義理に背いているようなら「犬欲」といわねばなるまい。

したがって、心の奥に欲がなく「潔静精微の天理」が明浄で、かつ、そのことが「時中の天理」に当たるのであれば、聖帝堯が舜に天下を譲ったことも、舜が天下を譲り受けたことも、また、湯王が桀を放逐したのも、武王が紂を討って天下を救ったのも、「無欲の

徳行」である。もし仮に堯舜湯武に欲心があってそうしたのだったら、「貪欲の妄行」ということになる。天下の授受取与《しゅよ》は極めて重大なことであるが、そのほかのこともすべて、そのようなものだ。一銭を人に与えるのも一銭を人からもらうのも、それが意味するところは同じである。

儒者の心法（心構え）は、「艮背敵應相與らざるの聖心」を手本とするので、上は天子から下は庶民に至るまで、それぞれが分相応な生業を営んで財産を貯えても、それを「欲」とはいわないが、たとえ一銭でも義理に反して貯え、その一方では人に与えるべきものを出し惜しんで与えないのは「欲」というのである。その欲を捨て去ることはたやすいことであり、捨てても世の中を渡っていく上で障害となることはない。

学問をしない者でも、生まれつき心が清らかで私欲もない正直者は、不義を働いて金を貯えることを忌み嫌うものだ。心学を志す者なら、それ以上だろう。

同じ利欲であっても「財欲」と「形気《けいき》（気質《かたぎ》）の欲」とでは少し違っている。財欲は金銀財宝をたくさん手に入れたいと願い、分不相応な高い知行を貪ろうとすることをいう。この欲は捨てやすい。しかし、形気の欲の方は、酒色に心を奪われたり溺れたり、性癖が関係する趣味や道楽に耽ることをいい、こちらの欲は捨てがたいところがある。

欲を捨て去る工夫は、総じて自分自身の心の持ちようにかかっているので、自分自身の言動をよく省察し、その心に打ち勝つことが肝要である。この工夫を「※慎独《しんどく》」（人が見ていないところでも身を慎み、人としての道を踏みはずさないように努める）という。じっくり考えてみることだ。

※慎独　『大学』に「君子は必ずその独りを慎むなり」。逆が「小人は閑居して不善をなす」。

私欲の捨て方

【問】先生の教えを拝聴していると、私欲を捨てることは簡単なようにも思えるのですが、名誉欲を捨てて世間の外聞を少しも気にしなければ、自由気ままな気持ちになり、作法が悪くなってしまうのではないでしょうか。その点はいかがでしょうか。

【答】よいところに気がついた。名の欲（名誉欲）は利欲に比べると、一段階ほど汚れが少なくさっぱりとしている。詳しくいうと、名誉欲を好む者は財宝を貪らないし、命も惜しまないのだ。功名を遂げた士は、位でいえば「中」と決められている。「性命《せいめい》の学」（天から授かった「本性」と「運命」を究める聖人の儒学）の道を志す気がなく、義理を忠実に守らない者は、名誉欲があっても利欲はない方がよい。真儒でありながら「性命の学」を志さず、義理も守らず、外聞も何とも思わない場合は、必ず勝手気ままに振る舞うから作法も当然悪くなり、心が清らかな者は狂者風になるが、心が汚れている者は世間一般風になるだろう。じっくり吟味すべきことである。ただし、その吟味は心学に志のない凡夫についてであって、心学に志した者の吟味はそれとは別にやらないといけない。

ところで、「※名は実の賓客《ひんかく》」（名は徳という実に付随。徳が主人、名誉は賓客）といい、心の中で思うだけでなく、それを身に行う実《まこと》が伴えば、即ち、名が残るといえる。たとえば、実は形で、名は影だ。善行をすれば、善名が残る。堯・舜・孔子・顔回などがそれだ。その反対に、悪を考え、悪事を働けば、悪名が残る。桀・紂・盗跖らがこれである。

人々が善を好み、悪を憎むのは、『詩経』（大雅《たいが》　烝民《じょうみん》）の詩にも詠われている「秉彝《へいい》」（「彝《い》（彛）を秉《と》る」で、人が踏み行うべき道を守る）という言葉が示すように、「人心《じんしん》秉彝の本《ほん》然《ぜん》」（生まれながらにして人の心に備わっている「天命の性」本来のあるべき姿）であるから、善名を褒め尊《たっと》び、悪名を憎み嫌うのは、古今東西を通じて常なることなのである。したがって、生まれつき潔癖な士は、世にその名を高くとどろかせ、名誉を得ることを好む傾向がある。

その心根が善を好み、悪を憎むという、本来そうあって然るべき「秉彝の本然」に近くて、利欲にまみれて薄汚くなった凡夫に比べると、位でいうと一段階は優っているものの、明徳を明らかにするところまでは至っておらず、真妄（真実と虚妄）・本末の違いがまだわかっていない。そのため、間違った世間の風俗に染まって慣れ親しんだり、根本となるものを捨てて末節的なことを大事にしたり、真に背を向けて妄を取ったりしてしまう。その結果、心根の最初の頃だけ見ると、善を好み、悪を憎むという「秉彝の本然」に似ていたが、そのことがかえって本心を見えなくさせてしまい、生まれながら天から授かった「性命」を損なわせる人欲の虜《とりこ》になるのである。

利欲と名の欲（名誉欲）とは、清か濁かという点に違いはあるが、どちらも天性を破損して限りなく大きな「不孝」という罪に陥ることに変わりはないので、名と利の欲を同等に嫌って排除した方がよい。それと、名誉にも真妄・本末の違いがあるということをよくわきまえないと、名の欲を捨てたい意欲はあっても、自分で工夫しようと努力しにくい。

※名は実の賓客　『荘子』（逍遥游《しょうようゆう》）の言葉。聖帝堯が許由に「天下を譲る」というと、こう返した。「天下はよく治まっていて太平。それなのに天下を譲れば、何の功もない私の名のためにすることになる。名は人が立てたもので、外にある。名で実に対するときは、実が主人で名は賓客の如し」。張守節は『史記』の注釈書『史記正義』（「伯夷伝」註）に、許由は「汚れたことを聞いた」といって穎水《えいすい》で耳を洗い、箕山《きざん》に隠れたと記している。

天理真実の名

【答（続き）】　古来、聖賢、君子、英雄、孝子、忠信の名誉に限らず、それ以外の一つひとつの名誉な出来事が義理に適っていれば、「天理真実の名」といっている。一方、異端者や曲学者の名誉およびそれ以外の一つひとつの名誉な出来事で、義理に適わないものは「汚俗妖妄《おぞくようもう》（妖しく邪悪でみだら）の名」といって、君子は尊ばないものだ。妖妄の名を好む心は捨てやすいが、真実の名を好む心は本末をよくわきまえないと捨てがたく、『論語』（学而篇）を開くと巻頭に出てくる「人知らずして慍《いか》らず」（他人が自分のやったことを知らなくても、怒ることなく耐えるのだ）という境地には到達できない。

古来、聖賢、君子、英雄、孝子、忠信の名誉、その他の一事で、義理に適った誉《ほま》れは皆、「末」と「影」である。その名誉と「根本」と「形」はというと、その「心」と「行跡」である。つまり、聖賢の心を自分の心の中で守らず、聖賢の行跡を実践しないでただ聖賢の誉れを得ようとして、心に孝徳などなく、自身の身で行わずして孝行の誉れを求めることは、喩えていえば、形のないものの影を求めるようなもので、猿が水に映った月を手でつかもうとするのと似ている。しかも、自分の中には〝連城の璧〟（秦の昭王が十五の城と交換しようとした趙《ちょう》の恵文王の宝石）よりも優れ、王侯の位にも代えがたい価値のある真楽《しんらく》（真の楽しみ）があることに気づかず、世間の凡夫の愚にもつかない俗っぽい談義の中での誉れを求め願って、じりじりと自分を苦しめ、楚女《そじょ》が帝の寵愛を得たいがために絶食して餓死してしまったのは、実に嘆かわしい行為である。

名の欲を捨てるには、まず虚栄心や奢侈《しゃし》への浮ついた思いを断ち切らないといけない。そのようなことをよく吟味会得して名の欲を捨てることは、天理の根本となる真楽のみを求め、勝手気ままに振る舞わないで、自分自身の作法を正しくしようとするためである。だから、心学を志す者は、名を捨てようとすればするほど、勝手気ままに振る舞おうとする驕りは消えて、作法も自然とよくなって、狂者風にも市井人風にも陥らず、不偏不党の君子の中行風となって君子としての名誉を求めない域にまで達するものなのだ。名利への欲、習い染まる心（世俗に慣れ親しんで染まってしまう心）、間思雑慮《かんしざつりょ》（つまらない思慮や雑念）をそれらがまだ小さいうちに鋭く察知することで、独りよがりにならないように心がけながら、それらを除去することが何よりもまず求められることである。

楚女餓死の意味するもの

【問】今のお話で「楚女が寵愛を求めて餓死した」とは、どういうことでしょうか。

【答】　そのことは、寓意を込めた故事である。昔、中国の楚の国王が腰の細い、いわゆる柳腰の女を寵愛したので、後宮の腰の太い女は王に見向きもされないことを嘆き悲しみ、食べないで痩せたら腰が細くくびれるのではないかと考え、断食した結果、餓死してしまったということである。

その名が世間にとどろくことを好み、栄誉としたいと願う者を見るにつけ、その時代の天子や諸侯が好み、世間が称賛してもてはやすことなので、その事柄の是非や真妄の選び分けなどしようともせず、その時々の風潮に迎合するように自分の心を変え、義理と不義理をごまかすなどして世間の人々に褒められることだけを専ら求めて、人徳を磨くことをしない。「※混沌《こんとん》の死」の故事も知らないというのは、あたかも楚女が王の寵愛を求めて餓死したのと似ているので、寓意を込めた故事を借りて喩えたのである。この一件は、心学を志す者は心して恥じ戒めなければならない事柄なのである。

※混沌の死　目も口も鼻も耳もない混沌王にいつももてなしてもらっている二人の王が、恩を返そうとして一日一つずつ穴を開けたら七日目に死んだという『荘子』に出てくる寓話。

習い染まる心

【問】さきほどいわれた「習い染まる心」とは、どういう心をいうのですか。

【答】習い染まる心とは、この世に生を受けてから今に至るまでに見慣れ、聞き慣れて、自分では気づかないうちに、いつのまにか影響を受けて染まってしまった心をいうのだ。水に喩えるなら、朱を溶かすと水の色は赤くなり、緑青《ろくしょう》を溶かせば水の色が緑青になるのと同じようなことだ。水の色は本来、赤でも青でもないが、朱と緑青に混ざるとその影響を受けてそうなるのである。

それと同じで、本来、人の心には好悪の判断は定まっていないのだが、生まれた国や地域の風俗や習慣、家の流儀などに次第に馴れ染まって好悪の内容や定めにさまざまな違いが生じてくるものなのだ。学問や芸能にも「習う心」というものがある。まず本心の正しい意味をよく考えた上で、習う心を吟味して除去しないといけない。

水に話を戻すと、朱が溶け込んで赤い水に変化しても、よく澄ませば朱は下に沈んで、水本来の色が現れるものだ。水でさえそうなのだから、声もなく臭いもない「心という水」が濁りを澄ませないはずはなかろう。何を置いてもまず試してみることだ。

間思雑慮

【問】「間思雑慮」ということもいわれましたが、どのような考え方でしょうか。

【答】大した悪念ではないが、考えてもどうにもならないことを繰り返し考えていると、「天真の患い」（無邪気な悩み）に発展する。これが「間思」（無益な雑念）だ。また、さまざまな物事に接したり応じたりする場面で至善（最高の善）がどこにあるのかを思慮分別するときに、一途に工夫できず、そのこと以外の雑念が錯綜し、感通（天地と一体になれたと感じ取ること）の妨げとなるのを「雑慮」という。間思と雑慮とは軽い病気ではあるが、かえって克服して治しづらいところがある。よくよく省察すべきことである。

一心の工夫

【問】仙術を学ぶ者は「長生不死」という益を得、仏道を学ぶ者は「成仏得脱《じょうぶつとくだつ》」（死ぬと、この世の苦しみから解放される）という益を得ると伺っております。儒道を学んでも、そのような死後の益は得られますか。

【答】そのような疑問は、異端の説を聞き、その影響を受けて生じることである。『孝経』

や『易経』に書いてあることをよく読んで理解すれば、生前死後の理は、掌を指すようにはっきりとわかることであるから、ここでとやかく議論するまでもなかろう。

だが、今時の人は、おそらく、同様の疑問を感じているだろうから、当座のところは仙道と仏道を学んでその迷いを解くがよい。仙家（道教）の「長生不死の術」も仏家（禅宗）の「成仏得脱の修行」も、つまるところは、あらゆる現象の根元である「一心」（真如）に専念することだ。仙家は「修心練性《しゅうしんれんせい》」（心を修行し、本性を鍛える）を教義（宗旨）とし、仏家は「明心見性《めいしんけんしょう》」（心を明らかにして人間本来に備わる見性を徹見する）を教義としている。その工夫が実を結んだ場合の「心性《しんしょう》」（人が生まれながらに持っている本性）を、道教では「長生不死」といい、仏教では「成仏得脱」というのである。どちらも「元気（気の根元）の霊覚」を心性の本質としており、「元神（神の根元）の妙理」を悟る境地には達しえない。よって、彼らが最高とする「見性成道《けんしょうじょうどう》」は、位でいうと、中庸を行う君子よりも一段階下になる。

儒家でも、「一心の工夫」に専念することで「元神の神通（力）」を本性の本質とし、『易経』にある「理を窮めて性を尽くし、以て命に至る」を宗旨としている。その工夫が立派に実を結び、成就した心性を「聖神《せいしん》・至誠無息」といっている。その宗旨の本義や「明覚大悟」の心性は、仙道や仏道よりも一段階上に位置していることから、「長生不死」といっている益についても一段階上の益が得られることがわかるはずである。

※元気・元神　生まれつき備わった先天の神・気・精を「元神・元気・元精」という。仙道では、神・気・精（生命活動の根本エネルギー）を「人の三宝」として尊んでいる。

『性理會通』の神髄

【答（続き）】　明の鐘人傑《しょうじんけつ》編纂『※性理會通《せいりかいつう》』（朱俊柵《しゅしゅんさく》「易之説」）に、次のようなことが書かれている。

《『易経』は「大和《だいわ》を保合《ほうごう》すれば利貞《りてい》である」（天地にみなぎる陰陽の気は活発に和合しており、それを保全養育すれば、万物は正しく生育する）という。私が思うに、大和は道体《どうたい》（道《みち》の本体）である。生物の本であり、天地の根であり、大きな塊のような真理や気は宇宙に満ち溢れ、余すところがなく、幾たびもの大きな災禍を経験しても何ら変わることがない。剛も柔も鼓舞して万物を生み育てた。大和は森羅万象を司《つかさど》り、陰陽が荒漠たる宇宙で活発に活動して、天地人の三才を混じり気なく取り込んでいる。もしこの気を保って失わず、うまく理に適ったら、人の体は大道と同じになり、雨のしずくが海にしたたり落ちて青い海原と共存するように、心は天の理と一体となれる。

その様子は、一片の雲が空に吸い込まれるようにして太虚（大いなる虚空）に溶け込んで、ともに永遠となるような感じだ。どこにも通じ、滞ることがない。それでいて木の幹のように堅固で、移り変わることもない。だから、天地に終わりが来ても、その命は終わらない。太陽や月の光が暗くなろうと、大和の明るさが損なわれることはなく、そのままである。だから、いうのだ。至誠が息《やす》むことはないと。息まないとは久しく続くこと。久しく続けば何かの徴《しるし》が表れる。その徴が意味するのは悠遠だ。よって、大和の守護者は至誠の道を極めた者である。

そういうと、耳を疑う者がいる。性即理、命即気。人の性（本性）は、天地の理である。天の命は、天地にみなぎる陰陽の気である。人の性は天地の理と実によく合致し、人の運命は天地の気と実によく合うのである。天地の理はおのずと人の本性（性質）に重なっている。天地の気は自ずと人の運命になっている。理気が消失することがないように、人の性命（本性と運命）にも終わりはない。譬えていうなら、水に水を投じると水が涸《か》れるだろうか。火に火を投じると火が消えるだろうか。その大造《たいぞう》（天地の造化を司る大きな徳）を人の本体として小劫《しょうこう》（果てしなく長い時間）を超えるからである。

よって、創造と破壊は、天地のそれによるのではなく、人が大いなる徳（大身《たいしん》）を獲得し、ちっぽけな肉体（小形《しょうけい》）を忘れることによって起きるのだ。つまり、肉体の存亡は人の存亡を意味するのではなく、人は本性を尽くすことで天命に到達できるのである。これを「道を人の本体とし、天と同化する」といい、「至徳にはさまざまな道が凝集している」という。そこには真の楽しみがいっぱいある。喜びに満ちあふれる様子は春の陽気のようであり、楽しげにくつろぐ人の心は落ち着いている。既に利貞《りてい》にして活気がある。
そこでは既に天地の道が、「貞《ただ》しきに利《よろ》しく」という『易経』の表現どおりに、まるで魚が水面から跳びはねるような活発な動きをしている。つまり、『易経』（坤卦文言伝《こんけぶんげんでん》）が記しているように、君子は、黄色（五色の中央の色）という正しい位にいて「黄中《おうちゅう》の理」（不偏不党の中正の美徳）に通じ、その美徳は血肉となって四肢にまで広がり、人々の暮らしに反映されているのだ。これぞ坤道《こんどう》（大地の道）の美の極致である。これこそが、儒教の説く「不死の神法」であり「長生の術」なのだ。それにひきかえ、空寂たるところを選んでたった独りでひっそりと瞑想し、精魂をむやみに鼓舞して高みへ昇ろうと願う者がいるが、儒教はそういう道と同列で語るべきではないのである。》（原文は後述の※注に記載）
この規範をよく味読し、まさに「聖神・至誠無息」という位としかいいようのない儒家の修行は、梯子を用いても仙道や仏教には及びもつかないということをはっきりとわきまえて、迷いの雲を晴らすことだ。「大和を保合する心法」を他に求めてはならない。なぜなら、儒教は完全無欠の「全孝の心法」だからだ。

※『性理會通』（国立公文書館蔵の原文の読み下し文）「易《えき》に曰く、大和を保合すれば乃ち利貞なり。愚《ぐ》謂《おもえら》く、大和は道體《どうたい》なり。生物の本、天地の根、一團《いちだん》の眞理、実気《じっき》宇宙に充《み》ちて余すところなく、浩劫《こうごう》を歴《へ》て改むるなし。剛柔《ごうじゅう》を鼓《こ》して造化《ぞうか》を生ず。萬象《ばんしょう》を主《つかさ》どり、三才の冲漠絪縕《ちゅうばくいんうん》融和純粋を摂《せっ》す。若《も》し能《よ》く此《こ》の気を保ちて失わず、此の理に合《がっ》して違《たが》わざれば、身《しん》は大道《だいどう》に同じゅうして點雨《てんう》の海に滴《したた》り滄溟《そうめい》に渾《こん》して共に存するがごとく、心は天眞《てんしん》に契《かな》う。

猶《なお》片雲《へんうん》之空に没し、太虚《たいきょ》を攬《と》りて久しきを同じゅうするがごとし。利通《りつう》にして滞礙《じゅうげ》なし。貞《てい》固《こ》にして變遷《へんせん》無し。故に天地終わりて壽竟《ことぶきおわら》ず。日月晦《くら》うして明虧《めいか》けず。故に曰く、至誠息むことなし。息むこと無きときは則ち久し。久しきときは則ち徴《しるし》あり。徴あるときは則ち悠遠《ゆうえん》なり。善《よ》く大和を保つ者は、誠道《せいどう》の至妙《しみょう》たる者なり。

聞く者之《これ》を疑う。性即ち理なり。命即ち気なり。人の性は天地の理なり。天の命は天地の気なり。誠に能《よ》く性を以て天地の理に合して命を以て天地の気に會《かい》す。天地の理は自ら性なり。天地の気は自《おのずか》ら命なり。理気終《つい》に壊《こわ》るることなく、此《こ》の性命も亦《また》終に壊ること無し。譬《たと》えば、水を以て水に投じ、何においてか竭《つ》くべけんや。火を以て火に投じ、何においてか滅すべけんや。其《そ》の大造《たいぞう》を體《たい》にして小劫《しょうこう》を超ゆるに由りてなり。故に天地の成毀《せいき》を以て成毀せず。大身《たいしん》を獲《え》て小形《しょうけい》を忘る。故に軀殼《くかつ》の存亡を以て存亡とせず、之を性を盡《つ》くして命に至ると謂《い》う。之を道に體《たい》し、天に同じゅうすと謂う。之を至徳道を凝《こ》らすと謂う。

此《こ》の中、大いに眞楽《しんらく》有り。盎然《おうぜん》として春融し熙然《きぜん》として宇泰《うやす》し、既に利且《か》つ貞にして活潑潑《かっぱつはっ》地《ち》なり。即ち易之黄中《えきのおうちゅう》の理に通じ、正位體《たい》に居《お》り、美其《そ》の中に在《あ》りて四肢《しし》に暢《かよ》い、事業に発す。美之至《びのいた》りなり。此れ乃《すなわ》ち儒教の中《ちゅう》、不死之神方《ふしのしんぽう》、長生之正術《ちょうせいのせいじゅつ》なり。空寂《くうじゃく》を守りて枯禅《こぜん》に坐し、精魂を弄《ろう》して昇挙《しょうきょ》を希《ねが》う者與《と》日を同じゅうして語るべからず」

全孝の心法

【問】「全孝の心法」は、どのようにして受用したらいいのでしょうか。

【答】『孝経』（三才章）は、こう教えている。

「孝は、常に変わることのない天の道であり、常に適切な地の道であり、常に人が踏み行うべき道である。天地の経《けい》であるから、民は規範とするのである」（夫れ、孝は天の経《けい》なり、地の義《ぎ》なり、民の行《こう》なり。天地の経にして民是《ここ》に之《これ》に則る）

また『孝経』（聖治《せいち》章）は、こういうことも教えている。

「天地の本性は人を貴い存在としている。孝ほど大きな人の行いはない。父を尊敬すること以上の孝はない」（天地の性は人を貴しと為す。人の行、孝より大いなるは莫し。孝は父を厳ぶより大いなるは莫し。父を厳ぶは天に配するより大なるは莫し）

そして『孝経』（感応章）は、さらにこう教える。

「孝悌を尽くし、その行いが最高域に達すると、思いは神にも通じて四海に満ち溢れ、通じないところはなくなる」（孝悌の至り、神明に通じ、四海に光なり。通ぜざるところ無し）

『詩経』（大雅　文王有声篇）に「東西南北から敬い、心服しない者はいない」（西より東より南より北より思いて服せざるはなし）と詠《うた》われているのは、このことだ。

『礼記』（祭儀篇）にも「曾子曰く、孝の道は立てると天地をふさいでしまうほど高大で、一面に広げると四海をすっぽり覆うほど広大なものだ。もしこれを後世に施せば、一朝一夕には行えないくらい永久なものとなろう。だから、孝の道を東海の果てまで推し進めれば、その地の人々はそれに従う。西海まで推し進めれば、その地の人々がそれに従う。北海まで推し進めれば、その地の人々がそれに従う」とある。「東西南北から敬い、心服しない者はいない」（西より東より南より北より思いて服せざるはなし）と『詩経』がいっているのも、このことなのだ。

同じく『礼記』（祭儀篇）は、こうも記している。

「庶民の根本の教えを『孝』といい、それを行うことを『養』という。父母をよく養えても、尊敬することは難しい。父母を尊敬できても、安心させるのは難しい。父母を安心させることはできても、生涯にわたってそうし続けるのは難しい。父母が既に没しているときは、わが身を慎んで、父母に汚名が残らないようにする。このようなことを『よく孝を終えた』という。

『仁』とは、この孝を愛して離さないことである。『礼』とは、この孝を踏み行うことである。「義」とは、この孝を時・所に応じて最も適したように行うことである。『強』とは、この孝を勉め励むことである。『安楽』は、この孝に順《したが》うことで生じ、『刑罰』は、この孝に反したから作ったのである」

『孟子』（離婁上篇）には、こう書かれている。

「孟子曰く、『仁』は親に仕えることである。『義』は、兄に従うことである。『智』は、この両者を知ってそこから離れないことである。『礼』は、この両者（孝悌）にほどよく彩をつけることである。『楽《がく》』（音楽）の核心は、この両者（孝悌）を楽しむことだ。楽しめば、孝悌への気持ちはおのずと生まれてくる。そうなったら、もう止められないだろう。もはや止められないとなれば、足を踏み手が舞うように、もう意識することなく孝悌を行うようになるはずだ」（孟子曰く、仁の実は親に事《つか》うる是《これ》なり。義の実は兄に従う是なり。智の実は斯の二者を知りて去らざる是なり。礼の実は斯の二者を節文《せつぶん》する是なり。楽の実は斯の此《こ》の二者を楽しむ。

楽しめば、則ち生ず。生ずれば則ち、悪《いず》くんぞ已《や》むべけんや。悪んぞ已むべけんやとならば、則ち足の蹈《ふ》み、手の舞うことを知らず）

『礼記』（哀公問篇《あいこう》）には、哀公の問いに孔子が次のように答えたと書いてある。

「仁徳《じんとく》（思いやり）のある人は、物事に出過ぎない。孝子もまた、物事に出過ぎない。よって、仁徳のある人が親に仕えるときは天に仕えるようにし、天に仕えるときは親に仕えるようにし、その結果、孝子としての道を成し得るのだ」（仁人《じんじん》、物《こと》を過《あやま》らず。孝子、物を過らず。是《こ》の故に仁人の親《おや》に事《つか》うるや、天に事うるが如し。是の故に孝子身を成す）。

――以上の聖模賢範《せいもけんはん》（聖人の模範・賢人の規範。『小学』に「聖模を仰ぎ、賢範を景《した》い」とある）を真剣に熟読して、孝徳に備わった「親切」「真実」「広大」「高明」「無上」「無外」（類例がない）「至尊」「無対」（対抗できるものがない）といった特徴をよく理解し、「孝のほかには徳もなく道もない」ということを確信すべきである。

たとえ日頃の行いがよくても、それが「孝徳の天真」（天の真理に適った孝徳本来のあり方）からはずれていたら、天帝の威光が許すはずもなく、君子に尊ばれるはずもない。そういうこともあるので、『孝経』は、こう戒めたのである。

「自分の親を愛さず、他人を愛する者を『悖徳《はいとく》』（徳に悖《もと》る）といい、自分の親を敬わず、他人を敬う者を『悖礼《はいれい》』（礼に悖る）という」（其のその親を愛せずして他人を愛する者、之を『悖

徳』と謂う。其の親を敬わずして他人を敬する者、之を『悖礼』〈礼に悖る〉と謂う）
　このように「孝徳全体の天真」を明らかにする工夫を積むことを「全孝の心法」という。「全孝の心法」の広大高明な様《さま》は、神明に通じ、その広がりは「六合《りくごう》」（六極《りっきょく》）と呼ぶ天地と東西南北を合わせた途方もないスケールの大きさになるが、その本質を突きつめれば、「身を立て、人としての道を行う」という一点に尽きる。そして、身を立て道を行うことの大本は、明徳にあり、その明徳を明らかにする本は「良知」を手本として「独《ひと》りを慎む」（独慎《どくしん》）ことにある。
　良知とは、乳幼児の頃から自分の親を愛敬する最初の一心を根本とし、物事の分別・善悪を真にわきまえられる「徳性の知」をいうのである。この良知は、『論語』（陽貨篇）の「いくら磨いても、薄くならない。〔そういうものは白とはいわないのだろうか〕黒く染めようとしても黒くならないのだ」（磨けど磷《うすら》わず。〔白しと曰《い》わずや〕涅《そむ》れど緇《くろ》からず）という霊明《れいめい》（目には見えないが、明らか）であるから、どんなに愚かで未熟な凡夫の心にも間違いなく存在する。そういうことなので、この良知を自分自身の工夫の鑑とし、種として努力するのだ。『大学』に登場する「致知格物《ちちかくぶつ》」（良知に致《いた》り、物を正す）の工夫がこれである。
　先に触れた「独りを慎む」は、次のような意味だ。思念が少し起きたら、良知を鑑としてよく吟味反省するようにし、名利の欲、習いたい心、雑念といった邪念が湧いてくるようであれば、そのときには、自分の親の体を傷つけるような不幸な罪人となり、死んであの世（冥界）へ行ったら、重い六極の責めを鬼から受けるし、この世（明界）では、大罪に課される五刑（入れ墨の「墨《ぼく》」・鼻削ぎの「劓《ぎ》」・足斬りの「剕《ひ》」・男は去勢で女は幽閉の「宮《きゅう》」・斬首の「大辟《たいへき》」）を受けるような「魔心《ましん》」が自分の中に潜んでいると恐れ、慎んで一刻も早くそれにうち克って神明に通じる「至徳の独楽《どくらく》」を求める工夫のことをいうのである。

一念の悪心から親の体を損傷することになる理由を、『孝経』は「この身体髪膚《しんたいはっぷ》（体・髪・皮膚）は父母から授かったもの。よって、それを傷つけないことが孝の始めということになる」（身体髪膚は之を父母に受けたり。敢えて毀《そこな》い傷《やぶ》らざるは孝の始めなり）と説明している。

この聖人の教えの意味は、わが身に備わっているものは、心も性（本性）も体も毛髪も皆、親の心・性・体・毛髪を受け継いだものなので、身体髪膚の本をただせば自分のものではなく、親の身体髪膚なのだ。身体髪膚の主人であり大本（主体）である「心性」（生まれながら備わっている生涯不変の心の本性）も、自分の心性ではなく、父母の心性である。

したがって、自分の身体髪膚の一部を傷つけたり失ったりする行為は、とりもなおさず父母の身体髪膚を傷つけることなのだ。同様に、自分の徳性を傷つけることは、とりもなおさず父母の徳性を傷つけることになる。身体髪膚は人体の「器《うつわ》」で賤しいものなのに対し、徳性は人としての「道」で貴いものという違いがある。

　だが、賤しい身体髪膚を損傷することも大悪逆、大凶徳なのであり、ましてや、その身体髪膚の主体であるところの、『孟子』（告子《こくし》上篇）のいう「天爵《※てんしゃく》」（人から与えられる「人爵《じんしゃく》」に対し、天から与えられる爵位の意味）ともいうべき尊い徳性を損傷することは、それ以上の大悪逆・大凶徳になる。

「この道理を明確に理解して心でよく守り、敢えて毀《そこな》い傷《やぶ》らざることが孝徳を受け入れて活用（受用）する始まりだ」と孔子は『孝経』で教えている。聖人のこの教えをわがこととして省察するなら、名利への邪欲、習うことに惰性的になる慢心、雑念などを克服することができずにいて、自分に備わっていた徳性を損なってしまうようであれば、そうなることが即、父母の徳性を損ることにつながるという理屈ははっきりしている。

『孝経』が、巻頭（開宗名義章《かいそうめいぎ》）の初節の終わりに「先祖のことを想うことはないか。その徳を尊び、自分も徳を修める努力をする」（爾《なんじ》の念《おも》うこと無からんや、厥《そ》の徳《とく》を聿《の》べ修《おさ》む）という詩（『詩経』大雅 文王篇）を引用して結びとしたのも、そういう意味を示そうとしたためである。納得がいくまで熟考することだ。

※天爵　「天爵と人爵の別がある。仁義忠臣を尽くし、喜んで善を行う者は天爵。諸侯や卿大夫《けいたいふ》は

人爵。昔の人爵は天爵の聖賢に従ったものだ」（孟子曰く、天爵なる者あり、人爵なる者あり。仁義忠臣、善を楽しみて倦《う》まざるは、此《こ》れ天爵なり。公卿大夫《こうけいたいふ》は、此れ人爵なり。古《いにしえ》の人は其の天爵を修めて、人爵此れに従えり）

身を殺して仁を成す

【問】身体髪膚を損傷しないのが孝行というならば、合戦で負傷し、討ち死にするのは不孝ということになるのでしょうか。

【答】それは大変な心得違いである。不義無道な出来事で身体髪膚を損傷するが不孝という意味だ。『孝経』は「身体髪膚は父母から受け継いだ。その大事な体を毀い傷ることのないように心がけるのが、親への孝行の第一歩だ」（身体髪膚は之を父母に受けたり。敢えて毀い傷らざるは孝の始めなり）と教えている。「毀い傷る」とは、血と肉でできた身体髪膚の損傷を意味するのではない。孝徳を損ない傷つけることをいっているのだ。

『孟子』（尽心下篇）の言葉を流用するなら「仁を害《そこな》ふ」というときの「害」という字の意味であって、血と肉でできた身体髪膚のことではない。孝徳の「形体」のことをいっている。孟子が「仁は人なり」と説いたときの「人」の字の意味であり、「孟子曰く、形色《けいしょく》は天性なり。惟《ただ》聖人にして然《しか》る後に以て形を践《ふ》むべし」（体つきとか顔つきは、持って生まれた性質が現れる。ただ聖人だけが、体や顔かたちに備わっている本来の能力を完全に働かせて人としての道を尽くすことができるのだ）と解き明かした「形色」という字の意味なのだ。

聖人の教えは、人の身体髪膚は、本来、「天性の仁孝《じんこう》」（生まれながら備わった仁慈《じんじ》〈思いやりがあって情け深いこと〉と孝行）の凝集したものであることを示している。『孝経』の身体髪膚に関する記述がこれである。したがって、天性の仁孝の道を心に守り、その身に行うときは、たとえ血肉でつくられた身体髪膚を損傷することがあっても、不孝にはあたらない。それは孝行なのだ。なぜなら、血と肉でできた身体髪膚が損傷したとしても、天性の仁孝を損傷させたわけではないからだ。※「身を殺して仁を成す」（仁道のためには死ぬこともいとわない）と孔子がいったのは、そういう意味である。

体を完璧に守って毛髪一本の損傷すらなくても、「天性の仁孝」を心で守らず、身に行うこともしないで悪逆無道な言動に及べば、それは孝ではなく、不孝である。なぜなら、血や肉でできた身体髪膚を損傷しなくても、天性の仁孝を損傷するからである。

「合戦で勇気を振るえなければ、孝ではない」（戦陣に勇なきは孝にあらず）と曾子《そうし》がいったと『礼記』（祭儀篇）は記している。賢人のこの言葉は、軍陣や戦場で果敢に先駆けをし、手柄を立てながらも深い傷を負って討ち死という結果になったとしても孝行といえるが、武勇に励まず、軍功を立てられなかったら、たとえ臆病者と譏《そし》られなくても不孝を犯したという意味である。

明の儒者陳明卿《ちんめいきょう》は、「曾子のような心なら、つまり、龍比《りょうひ》（龍逢《りょうほう》と比干《ひかん》）の体と首が分断されたのと曾子の体に傷ひとつなかったのは同じことになる。老いぼれて戸外の窓下で野垂れ死のうが、刀や鋸《のこぎり》で切り刻まれる辱《はずかし》めとどこが違うというのか」（若《も》し曾子之心有らば、即ち龍比の身首分裂《しんしゅぶんれつ》と手を啓《ひら》き足を啓くことと一般なり。然らざるときは則ち、牖下《ようか》に老死しても亦刀鋸《またとうきょ》の僇辱《りくじょく》と何ぞ異ならん）といった。

このことは、『論語』（泰伯篇《たいはく》）に出てくる曾子臨終の話に因んでおり、死期を悟った曾子が弟子を呼び集めて「私の手足をよく調べてみよ」（予が足を啓《ひら》け、予が手を啓け）※と自分の体のどこにも傷がないことをわざわざ確認させ、詩（『詩経』小雅小旻《しょうがしょうびん》）の一節を引いて「敢《あ》えて毀い傷らざる」の心法を示したことを記しているのだ。

曾子の意図は、「親から授かった血と肉でできた身体髪膚を毀損するな」と説明することで、天性の仁孝である身体髪膚を損傷しないことを明示する点にあり、それはあたかも『孝経』の教訓のようである。ところが陳氏は、章句の説明をする儒者が曾子の本意を理解せず、「血と肉でできた身体髪膚を毀損しない」と講釈したので、陳氏が解明したのだ。「全孝の心法」をよく受用すれば、その言葉の意味がよくわかるはずだ。つまり、龍逢は夏《か》の暴君桀《けつ》王を諫め、比干は殷《いん》の暴君紂《ちゅう》王を諫めて、どちらも怒りを買い、殺されて身体髪膚を切り裂かれ、首と胴体をバラバラにされてしまったことと、臨終に臨んだ曾子が手足を見せて一毛すら損なわれてはいないと示したのだが、どちらも孝行なのだということがわかるはずなのである。

「全孝の心法」をうまく受用できない者は、もし八、九十歳まで長生きができて、最後はわが家で病死し、毛髪一本さえ損なわれることがなかったとしても、刀剣で切られ、鋸で引かれる刑罰に処せられて感じる恥辱と少しも変わらない不幸だという意味なのである。

よく考えてもらいたいものだ

※身を殺して仁を成す　『論語』（衛霊公篇《えいれいこうへん》）に「仁を志す者や仁を行う者は、仁に背いてまで生きようとはせず、そうすることが仁に適うなら命をも捨てる」（子曰く、志士仁人《ししじんじん》は、生を求めて以て仁を害すること無く、身を殺して以て仁を成すこと有り）。「朝《あした》に道を聞けば夕《ゆうべ》に死すとも可《か》なり」が仁者の考え方・生き方である。

※予《よ》が足を啓《ひら》け、予が手を啓け　『論語』（泰伯篇）に「曾子が病になった。門弟を集めていった。私の足や手を調べて見よ。どこにも傷はないはずだ。私はいつも、深い淵を覗き込むような、薄氷を踏むような気持ちで、用心深く体を傷つけないようにしてきた。だが、これからはそう

いう不安や心配から解放されるのだ、弟子たちよ」（曾子疾《やまい》有り。門弟子《もんていし》を召して曰く、予が足を啓け、予が手を啓け。詩に云う、戦戦兢兢《きょうきょう》として深淵に臨むが如く、薄氷を履《ふ》むが如し。而今而後《じこんじご》、吾《われ》免《まぬが》るることを知るかな。小子《しょうし》）

無欲無私の聖域へ

【問】「全孝の心法」という工夫を受け入れて味わい楽しむようにして実践すれば、「艮背敵應（無欲無私）の聖域」へたどり着くことができるのでしょうか。

【答】心学は凡夫から聖人へと至る道であるから、「全孝の心法」が、即ち「艮背敵應の心法」と思って構わない。名称は異なるが、同じ道理で貫かれている。このことを「本体（艮背敵應の聖域）の工夫」といっている。心法の本質は変わることなく一貫しているが、それを受用する人の側に善※・信・美・大・聖・神という違いがあると考えると理解しやすい。喩えていうと、心法は「大路《おおじ》」で、心法を受用する人はその路の「通行人」。通行人はさまざまで、貴賤・老若男女・健康病気といった条件の違いはあるが、歩いている道は同じ大路だ。

※善・信・美・大・聖・神　『孟子』（尽心下篇）に「何をか善と謂《い》い、何をか神と謂う」と問われた孟子は「こうありたいと願うことを『善』といい、それが自分に備わっていたら『信』、その信が充実していたら『美』、その美が充実して光り輝くようだったら『大』、しかも人々を感化するようなら『聖』、その聖のレベルが人智を超えていたら『神』というのである」（欲すべき之を善と謂い、諸《これ》を己に有する之を信と謂い、充実せる之を美と謂い、充実して光輝ある之を大と謂い、大にして之を化するを聖と謂い、聖にして知るべからざる之を神と謂う）。

神道の精髄を心に刻む

【答（続き）】「全孝の心法」を上手に受用して何か得るところと手ごたえを感じるようなら、心は広くなり、体もゆったりとし、「広大で高明かつ精微で中庸」な神道の精髄を常に心に銘記し、人の子となったら親に「孝」を尽くし、臣下になったら主君に「忠」を尽くし、親になったら子に「慈」を尽くし、主君になったら臣下に「仁」を尽くし、兄になったら弟に「恵」を尽くし、朋友になったら相手に「信」を尽くすことだ。

また、『中庸』にあるように、富貴な身となったらそういう境遇にふさわしい言動を取り、貧賤な境遇に置かれたらそれに応じた生き方をし、夷狄《いてき》（未開国）に対しては夷狄にふさわしいやり方をし、患難に遭遇したらその状況に応じたやり方をすることだ。どんな境遇にあろうとも、我意を貫いたり、必ずこうしなければならないと考える「意必《いひつ》」に縛られない生き方は、ちょうど水が流れるようであり、心の状態が安定して静かな様子は、ちょうど山がどっしりとして動かないようでもあり、どんな暴君や汚れきった官吏でさえも、その強固な意思を曲げさせることはできず、いかなる天変地異でも命を奪うことができないのである。

もし聖胎（受胎になぞらえた聖人のきざし）が再び最高至純なレベルで円熟する瞬間が訪れて、胎盤から抜け出て神化を遂げ、「聖神」という位に達したなら、『易経』（乾文言伝《けんぶんげんでん》）が記しているように、「大人《たいじん》（聖人）は天地とその徳を同じにし、日月とその明るさを同じようにし、めぐる四季とその順序を同じにし、鬼神（先祖の霊）とその吉凶を同じにする」（夫《そ》れ大人は）天地と其の徳を合《がっ》し、日月と其の明を合し、四時と其の序を合し、鬼神と其の吉凶を合し、〔天に先立ちて天違《たが》わず、天に後れて天の時を奉ず〕）。

そうやって四方に光を放ち、その光は天地に満ち溢れることになる。だから、南向きに座る天子の位につけば、聖帝堯のような君主となる。また、北向きに座る臣下の位につければ、後に聖帝となる舜のような臣下となるのである。

『孝経』（聖治章《せいちしょう》）に孔子の次のような言葉が載っている。

「〔曾子曰く、敢えて問う〕聖人の徳、以て孝に加ふること無きか」〔曾子が孔子に敢えて問うた。「聖人の徳は、孝以上のものはないのでしょうか」〕

慶安三（一六五〇）年　暦初冬

風月宗知《ふうげつむねとも》重刊行

儒服必ずしも儒者ならず（増補　正保三年冬執筆分）

『荘子』（田子方篇《でんしほう》）によると、魯公（魯の国の君主）が荘子に次のようにいった。

「魯の国には儒者がたくさんいるが、先生から人の道を学ぶ者は少ない」

荘子が「いや、魯の国の儒者はとても少ない。公は誤解していて多いといわれるのだ」と返すと、魯公が「魯の国では過半の者が儒服を着ている。それでも少ないというのか」というので、荘子はこういった。

「儒服は儒者の装束です。そして仁義は儒者の徳です。しかし、装束は誰でも着ることができるが、たとえ儒服を身にまとった人であっても、仁義の心がなければ、儒者とは呼べません。ただ単に儒服を着ただけの凡夫に過ぎません。仁義は君主だけが愛用する徳なので、たとえ夷狄の国の装束を着た人であっても、仁義の心があれば、凡夫ではなく、夷狄の国の装束を着た儒者なのです。だから、伏羲《ふくぎ》や神農《しんのう》（伝説上の聖帝）は儒服を着てはいませんでしたが、その儒徳は明らかだったから天下一の儒者とされたのです。その点、魯の国の人は、儒服を着ているといっても、おそらく儒徳はないでしょうから儒者ではない。もし私のいうことを疑っておられるなら、『儒徳がないのに儒服を身につけている者を死刑に処す』と禁制を立てて試してみてはいかがでしょう」

魯公は荘子の提言を受け入れ、そのような方法を実施した。すると五日も経つと、国中から儒服を着た者の姿がかき消えた。そんな中で、ただ一人、儒服を脱がない者がいた。魯公が召し出して国政について尋ねてみると、ありとあらゆる質問に巧みに答え、返事に窮することがなかった。

「仁義の徳」があるかないか（増補　正保三年冬執筆分　前記の文に続き、いきなり答）

【答】　魯の国の君主は、儒服を着た者を見て儒者だと思い込んだが、今の世間の人は、儒家の書物を読んでいる者を見て儒者だと早とちりする。見誤り方に違いはあるが、実体を知らないという点では同じ迷いである。

文学は芸であるから、生まれつき記憶力がよい者なら、誰でも習って知ることができるが、文学の心得があっても「仁義の徳」を欠いていたら、儒者ではない。ただ文芸に通じているというだけの凡夫に過ぎない。たとえ一文字も読み書きできなくても、「仁義の徳」が明らかな者は凡夫ではない。文学の心を知らない儒者だ。このような理は明白なのだが、いつのころから間違いが生じたのだろうか。儒書を読むことだけを学問と思い込み、文学に通じた者を儒者とするようになった。このような迷走が世の中の人の心に沁みついているので、学問は〝物読み坊主〟とか〝出家僧〟などが行うことだとみなし、士がやるべきことではないなどと、さまざまに取り沙汰されるようになったのである。

今の時代には儒服を着た者が儒者ではないということをはっきりさせた荘子のような人物がおらず、学問をすることの本来の意味が世間によく理解されていないのは、天下の大不孝である。

【問】学問本来の意味が世の中に明らかにされていないことが天下の不孝というのは、どういう意味ですか。

《門人注》以下、「十三経も書数おほくて文才なきものは」云々の一段の最後は丁亥本と内容が大同小異につき、重複する箇所は削除した。

謙徳・謙譲・謙退

【問】名利のことばかり考えて学問をする者が得るものがないのは、もっともなことであると思います。しかし、そうした名利に汚れることもなく、純粋に道を志して学問に励む人でも、役立たないどころか、かえって心だてや行儀といったことが異質なものになっていくのは、どういうわけでしょうか。

【答】人の心は私心を種としており、知恵のある者、愚か者を問わず、自慢する気持ちがないのは稀である。この慢心が明徳を損ない、禍いを招く元凶であって、さまざまな苦しみは、大体、これが原因で起こっている。

だから、『易経』（謙卦彖伝《けんかたんでん》）は、こう記すのである。

「天道は、満ちあふれているものは減らし、足りないものを補うことで謙徳を示し、地道は、丘が谷に変わったり谷が丘に変わったりするように、満ちたものは常に変化することで謙譲へと流れ、鬼神は、満ち足りたものには災害を与え、謙退者《けんたい》（へりくだって控える者）には幸福を与える。人道では、損を招くだけの満ち足りたものを嫌悪して益へとつながるしかない謙譲を好む。このように、謙徳は尊く光り輝くことになるので、卑しく振る舞っても誰も侮蔑したりしない。だから君子は、満ちることを戒めて謙徳を守れば、生涯にわたって万事うまくいくのである」（天道は盈《み》てるを虧《か》きて謙に益し、地道ハ盈つるを變じて謙に流れ、鬼神は盈つるを害して謙に福し、人道は盈つるを悪みて謙を好む。謙は尊くして光り、踰《こゆ》るべからず。君子の終りなり）

四字の法「温恭自虚」で「盈つる」を捨てる

【答（続き）】「盈《み》つる」の「盈《えい》」は、「自分の主張はすべて正しいと信じて疑わない極めて高慢な人間で、何から何まで行き過ぎた言動を好み、人を軽んじ、侮蔑する心」をいうのである。一方、「謙」は、『菅子《かんし》』（弟子職《ていししょく》）がいう「温恭自虚《おんきょうじきょ》」（温厚で恭《うやうや》しくおのずと控えめ）で、「自ら反省し、独を慎み、人を怨んだり侮ったりせず、人のために善いことをする徳のこと」である。

「盈つる」は、天神・地祇・鬼神が破棄し去る対象であり、人々もそれを嫌悪するのに対し、「謙」の方は、天神・地祇・鬼神が大切に保存する対象であり、人々も好むところで、聖人の教えはその真理を明白にすることで、人々が後学の「盈」を捨て、誰にも備わっている「謙」を求めるべきだと示しているのである。

そういうわけで、「温恭自虚」の四字を「初学心法」の第一義とするのである。この「四字の法」に則って、慢心を排除し去るなら、学んだことが一つ残らず心を磨く糧となって、明徳が日々明らかになるだろう。だが、この法を無視して慢心を排除しないと、折角学んだことのすべてが慢心を増長させる禍いとなり、明徳が日々暗くなってしまうだろう。そのような慢心は、天神・地祇・鬼神が嫌い棄てる対象としているので、心の持ちようや行儀作法などが次第に異質なものへと変化してしまい、人々からも嫌悪されるようになる。先述した『性理會通』（唐枢《とうすう》の「礼元剰語《れいげんじょうご》」）はこれを「暗所《あんしょ》に魔を来《きた》す」といっている。

暗所の魔は異風を好む

【答（続き）】　既に暗いところに魔がやって来てしまっているとしたら、何事に対しても異風を好み、他人を〝生きている虫けら〟とすらみなさなくなり、「この世の中で、天下に自分を超える者などいない」と信じ込んでしまい、他人を認めようとしない高慢ちきさを鼻にかけ、親や親方の小言も馬鹿にし、友人たちを軽蔑し、ささいなことでも自分が正しく、他人は間違っていると考えてしまうようになる。

そうかと思うと、世間との接触を毛嫌いして独りでいることを好み、ひどいときには気でも違ったのではないかと思えるほどになる。そのような人間は、学問をしない者の中にも見受けられるが、とりたてて罪を責めるところもないことから、ただ漠然と非難するだけである。もし学者の中にそのような者がいると、学問に罪があると言い逃れ、慢心がたたって、そうなってしまったと考えたりしないのである。何と愚かで嘆かわしいことであろうか。だからこそ、古の夏王朝の創始者大禹《たいう》（禹の敬称）は、聖人だったから慢心することはまったくなかったが、舜禹両王に仕えた伯益は、禹を助けて「満は損を招き、謙は益を招く」（『書経』大禹謨《だいうぼ》）と告げている。まして聖人より位が下の人間は、この戒めを片時も忘れてよいわけがない。

孔子（『論語』泰伯篇）が「たとえ周公ほどの才があっても、慢心したら取るに足らない人間になる」（子曰く、如《たと》い周公※の才の美有るとも、使《も》し驕《たかぶ》り且《か》つ吝《おし》めば、其の余は観るに足らざるのみ）といったのも、高慢という「凶徳」（まがまがしい徳）には、はなはだしい害をもたらすということがあると戒めたのである。

学問の道を志す人はいうまでもなく学問をしていない人でも、立ちふさがるこの魔を取り除き、捨て去ることがすべてに先立つ急務となる。名利を意識するような心の穢れを払拭し、道を志してからも高慢という「凶徳」を除去し捨てる心がけを持ち続けないと、暗所に魔を来《きた》し、その身は凶悪な状態に落ち込んでしまう。のみならず、何の罪もない学問にまで傷をつけてしまう。そうなっては、情けなく、嘆かわしい限りである。誰も彼もがよく戒めなければならないことである。

※周公の才　『論語』（泰伯篇）「子曰く、如《たと》い周公の才の美有るとも、使《も》し驕《たかぶ》り且《か》つ吝《おし》めば、其の

余は観るに足らざるのみ」の正確な現代語訳は「高慢で吝嗇だったら、その人に関して他のことを詳しく見る必要はない」

兵は「凶器」にも「宝」にも化す

【答（続き）】斉《せい》の国と魯の国が郊というところで戦ったとき、魯軍の右翼の大将を務めたのは、冉求《ぜんきゅう》だった。管周父《かんしゅうほ》が指揮を執り、樊遅《はんち》（孔子の門人の一人）が補佐した。既に合戦が行われ、魯の左翼は敗北していたが、右翼は少しも退かず、樊遅が立案した謀略を実施し、冉求自身も槍を手にして戦い、斉軍を撃破し、甲首《かぶとくび》（兜をつけた敵将の首）を八十も獲得したので、ついに魯軍の勝利となった。

その後、季康子《きこうし》（魯の大夫《たいふ》で三卿《さんけい》の一人）が冉求に、こう尋ねた。

「かつて例がないこの度の戦《いくさ》での貴殿の武功は、これまたかつて例のない凄さだが、軍法を学んだからそうなったのか。それとも、生まれつきの器量なのか」

冉求は、こう答えた。

「生まれながらの器量などではありません。孔子から学んだことを実行したまでです」

この発言を聞いて季康子は、贈り物を携えて孔子を迎え、それに応えて孔子は魯の国へ帰ったのである。
冉求がもし季氏《きし》から命じられなかったら、その軍功はなかった。この軍功がなければ、孔子が文武両道を兼備し軍法にも秀でていたということを季氏は知る術もなかっただろう。古の聖人が存命中の時代でさえこのような状況であるから、後世の者が文武を別々に分ける誤りも、さほど咎《とが》めだてするには及ばないのかもしれない。

【問】孔子はそのように兵法にも長じていたのに、衛の国の霊王に、そのことを伝えなかったのはなぜでしょうか。

【答】昔から「兵は凶器なり」(『韓非子』存韓篇・『漢書』鼂錯《ちょうさく》伝など)といわれているが、君子がこれを用いて天下の騒乱を鎮圧するなら、凶器はむしろ「宝」と化す。だが、小人がこれを用いると、国が乱れ、天下に禍いが生じるので、それ以上の凶器と化してゆく。にもかかわらず、霊公は小人だったから合戦を好み、暴虐非道な戦をしようと強く望んだがために孔子に兵法を問うたから、孔子は黙して語ろうとしなかったのだ。

仁義の徳 〔増補　正保四(一六四七)年丁亥春執筆分〕

【問】今の世の中の風潮は、儒書を読んで暗誦する人を、徳がなくても「儒者」とみなしています。当人もまた、「儒者」と呼ばれても否定せずにいますが、これは大変な間違いではないでしょうか。

【答】 そのとおり。儒者という呼称は「徳」をいうのであって、「芸」をいうのではない。

（※以下の文章は、正保三年冬加筆分とほぼ重複している。「たれも習《なら》ひしるべければ、文學ある人にても」と「誰もなりがたき事にあらず。たとひ文學に長じたる人にても」の表現の違い以外は、句読点やルビのあるなしが異なる程度なので、飛ばし読み可）」

文学は「芸」なので、生まれつき記憶力さえよければ、誰もできないというわけではない。たとえ文学に秀でた者であっても、「仁義の徳」（仁義という徳）を備えていなければ、儒者とは呼べない。ただ文学に通じているだけの凡夫に過ぎない。一文字も読み書きできない者でも、仁義という徳を身につけていることが明白であれば、凡夫ではなく、「文学的素養のない儒者」ということになる。この道理は、昔からはっきりしており、理解しがたいというほどのことではないのだが、いつ頃からか、間違うようになってしまった。つまり、ただ単に儒書を読むことだけを学問と思い、文学の素養がある人を儒者としたのである。この種の考え違いが世間の人の心に沁みついてしまっているので、「学問は〝物読み坊主〟とか〝出家僧〟などがする仕事で、士がやるべきことではない」などと、まちまちなことをいっている。

学問の真の意味が世間に明白になっていないことは、天下の大不孝というしかない。

【問】 学問の真の意味が世間に明白になっていないことが天下の大不孝というのは、どういうことでしょうか。

（原文の注） これより以下、「十三経も書数がおおくて文才のないものは」云々の一段の終わりまでは、丁亥（正保四年）の本と大同小異につき、削除する。

※原文による重複比較

〈正保三（一六四六）年冬加筆分〉

文學《ぶんがく》は藝《げい》なれば、物《もの》おぼへよく生《むま》れつきたる人は、たれも習《なら》ひしるべければ、文學ある人にても仁義の徳なきは儒者にあらず。只文藝《ただぶんげい》ある凡夫《ぼんぷ》なり。一文不通《いちもんふつう》の人なりとも、仁義の徳明《あき》らかなるは凡夫にあらず。文學なき儒者なり。此理《ことわり》は分明《ふんみやう》なれども、いづれの時《とき》よりかあやまり來《きた》りけん、只儒書《ただじゅしょ》をよむばかりを學問《がくもん》とおもひ、文學ある人を儒者ともてなせり。此まよひ、世人《よのひと》のこゝろにしみつきたるによつて、學問は物《もの》よみ坊主《ぼうず》または出家《しゅっけ》などのわざにして、士《さむらい》のわざにあらずなどと取さたまち〳〵なり。

〈正保四年春加筆分〉

文學は藝《げい》なれば、もの覺《おぼ》えよく生れ付たる人は、誰もなりがたき事にあらず。たとひ文學に長じたる人にても、仁義の徳なきは儒者にあらず、たゞ文學に長じたる凡夫なり。一文不通《いちもんふつう》の人なりとも仁義の徳明《あきら》かなる人は凡夫にあらず、文學なき儒者なり。此理《ことわり》は本來分明にしてわきまへがたきことならねども、何《いづれ》の時よりかあやまり來りけん。たゞ儒書を讀《よむ》ばかりを學問と思ひ、文學ある人を儒者ともてなせり。此まよひ、世人《よのひと》の心にしみ付たるによつて、學問はものよみ坊主又は出家などのわざにして、士の所為にあらずなど、とりざたまち〳〵なり。

「明徳を明らかにする」のが学問

【問】　学問の本意が世の中に明らかではないのは天下の大不孝といわれるのは、どういうことをいうのでしょうか。

【答】「明徳を明らかにする」のが学問の主意であり、最も重要なこと。「明徳」は、われわれ人間を万物の霊長として形づくる根本であり、主人だ。その主人が暗いということは、下々の者たちの統一がとれていないようなもので、主人の考え方や言動がことごとく天理に背いていて、名利への欲だけが深く、親を親とも思わず、ほかの者には損をさせても一向に構わないというやり方に知恵や工夫（利発才覚）を発揮して、他人と争い、奪い取り、ひどいときは主君や親をも殺すという悪逆なことをする。

人間のどんな苦しみも「明徳が暗い」のが原因で起きるし、天下の騒乱も同様に「明徳の暗さ」から起こるのではなかろうか。聖人は、そのことを憐れに思って、「明徳を明らかにする」（『大学』にある「明明徳《めいめいとく》」）ための教えを打ち立て、人の姿をしている者には学問をするように勧めた。「四書五経」に書かれているのは、このことだ。

孝・悌・忠・信を尽くす誠意

【問】「四書五経」は世間に広く流布しており、読者はたくさんいますが、そこに書かれた真の意義をよく理解もせずに、世間の人が学問の悪口をいうのをどう思いますか。

【答】人々が世俗的な学問の悪口をいうのは、彼らに非があるのではなく、学問をする側の人間に問題がある。学問に励んでいる世間の人を見ると、学問することの真の意義を知って、学問の道を志す者は稀だ。それ以外の者は、書物の読み書きを教えることで禄を得ようとする〝物読み奉公〟を望んでいるか、医者としての飾りに利用するか、見栄や外見を飾るための道具にしようとするか、この三つのどれかを志して学問している。そういう者にとっては、学問の第一義である「明徳を明らかにする」ことは心がける必要がないから、心を正しくすることや身を修める益は得られず、文芸をやっていることを自慢したがる病気が重くなるばかりだ。

だが、なかには志が真摯で方向がぶれない者もいるにはいるが、その方面の優れた先駆者と親しく接して感化を受けようとするほど積極的ではなく、目指す道が自分自身の心のありようにかかっているということまでは理解できていない。で、やっていることといえば、古の聖帝が遺した制度・礼法とか、賢人・君主が遺した行跡をそっくりそのまま受け入れて道とし、世間がよしとする見てくれのよい行いを善と決めつけ、さらに世間で通用している理屈を認めて道理とすることなのだ。そうすることで自分の心を正しくでき、身を修められると考えて、技量を磨く努力をするのである。

だが、そうすることで、本来、活発で融通がきくはずの心がかえって委縮してしまい、自分の心の明徳の特徴である「寛容温柔《かんようおんじゅう》」（広くてゆったりし、穏やかでやさしい気持ち）が失われて心が刺々しさを増し、少しずつ人とうまくやれなくなり、異質な人間になる。そうなってしまうと、学問で得られるものがただの文芸だけということになりかねない。世間の連中がそんな様子を目にして、学問は物読み坊主、出家僧、医者以外の人間には無益だなどと言い合っているのも、あながち間違いとはいえないのである。

もしまた、世の中の学者一人ひとりが、凡庸な日々の暮らしで身に沁みついた習慣や態度を洗い流して、学問の第一義である明徳を明らかにして孝・悌・忠・信を尽くそうとする誠意を示すならば、世の中の親は子が学問しないことを嘆くようになる。また君子は、家臣の学識のなさを嫌がるようになり、学問を悪くいうことがなくなるだけでなく、士はいうに及ばず、農民や商人に至るまで、学問がないと世の中はうまくいかないなどと口々に話題にするだろう。

そういうことであるから、世間の人は、学問を譏《そし》っているのではない。学者を譏っているのだ。それは学者自身が招いたことである。だが、私自身も他の者も、学問をする者の性《さが》で、世間の人が学問を譏るのを耳にすると、腹を立てたり軽蔑の笑いを浮かべたりするのだが、その過ちが自分から出ているということには気づいていない。このことから考えると、「学問の真義」に志のない学者は、「聖学」（聖人の学問）という点で、学問を譏る世間の人よりずっと罪が重い人といえるだろう。

学問の実義・本義

【問】文字を一つも知らなくても「仁義の明徳」が明らかな人がいるとすれば、聖人よりも位が下の人でも、学問しなくても明徳を明らかにすることができますか。

【答】　それは、文芸は学問だと間違えている習慣から湧き出る疑いである。将来役に立つ知識や学問を教えてくれる先覚者について「性命の道」（本性を悟って天命に従って進む聖人の道）である儒道を学び、わからないときや疑問に思うことがあれば尋ねるのが「学問の実義（本来の真義）」である。文学というのは、その学問の中の一つにすぎない。だから、文学がまだ存在しなかった大昔は読むべき書物そのものがなかったので、聖人の言行をお手本として学問したのである。しかし、時代が進んで「学問の本義（本来の意義）」を見失う徴候が現れ、聖帝がそのことを憂い、人としての道を書物に記して「学問の鑑」としたのだ。以後、今に至るまで書物を読むことを学問入門とするようになったのである。

人の才能は、生まれつきさまざまなので、文学は相当得意でも「心法」を身につけるのはまったく苦手という者もいる。この手の者はきっと「俗儒」になるだろう。そうかと思えば、文学はからきしダメでも「心法」の取得は得意という者もいる。そのような者でも、よき先覚者に付き従って「聖経賢伝《せいけいけんでん》」（聖人が著した書とそれに基づいて賢人が書き伝えた書物）に書かれた事柄の意義を究明する講義講釈を聴くときには、文芸が不得手だと、文学や訓詁学を覚えられないが、「心法」を身につけることは得意なので、「聖経賢伝」の大意とか主旨とかはよく理解でき、その明徳を明らかにすることで君子にもなれるのである。そのようであれば、文章に通じていなくても、ひとかどの学者。なぜなら、「文芸は道を求める筌《うけ》」（竹で編んだ魚の捕獲器）である。魚を獲ったら筌は不要になる。

書物の心を読め

【問】『大学』に記された道は、上は天子から下は庶民に至る幅広い教えと聞いております。身分の低い愚かな者は書物を読むべきではないとすることは、どう思いますか。

【答】古の聖人の時代には、人が少ししか住んでいないような小さな村里にも学校があった。詳しくいうと、その里の奉行や代官が、教師として農作業の合間に聖人の書物を講義した。人としての道を教え、身分の低い愚かな男女も書物の本意をよく把握するのである。文字や訓詁には通じていなくても、聖人の書物の主旨や精神を学び取って、学問をすることの真の意味を理解し、自らの心を正しくして身を修めた。そのようなことは、末の世の俗儒には真似のできないことだ。

俗儒は、文字を読んだり字句を解釈したりすることは得意でも、「書物の心」まで会得することはないから、その心で行うことが凡夫と同レベルだから本当の読書とはいえない。「論語読みの論語読まず」という諺もある。たとえ文字が読めなくても、「聖経賢伝」を深く信仰し、それを読み覚えた人に講釈してもらうことで、その書物のいわんとする本意をよく理解して自分自身の明徳を明らかにすることは、俗儒が直接、本を読むことより一段と優れた書物の読み方といえるのだ。

――以上のことからわかるのは、心学を熱心に学ぼうとする身分の低い男女は、書物を読まずして読んでいるということだ。今時、世間で流行している俗学（通俗的な程度の低い学問）は、書物を読んでも、読まないのと同じである。

「十三経」は『易経』から枝分かれ

【問】 中国から渡来した書物は、おびただしい数になります。それらを片っ端から読まないといけないのでしょうか。

【答】 そう考えるのは、大きな間違いである。読まなければならない書物は「十三経《じゅうさんけい》」（経は「ぎょう」とも読む）である。その「十三経」を学ぶための梯子《はしご》となるような名著とされる儒書や「七書」（『孫子』『呉子《ごし》』『尉繚子《うつりょうし》』『司馬法《しばほう》』『李衛公問対《りえいこうもんたい》』『六韜《りくとう》』『三略《さんりゃく》』の七種類の武書）以外は、読んだところで得るものはない。だが、熱心に読むと目も疲れるし、心も疲れてよくない。「史書」は古今の歴史的な出来事を考えさせ、『書経』（湯誥）にある「福《ふく》善禍淫《ぜんかいん》」（善人には善いことが起き、悪人には悪いことが起きる）を自覚する効果もあるので、余力があるときの楽しみとして読む書物であると知っておくとよい。

【問】「十三経」とは、どういう書物をいうのでしょうか。

【答】『孝経』『論語』『孟子』『周易』『尚書』『周礼』『儀礼』『詩経』『礼記』『左伝』『穀梁伝』『公羊伝』『爾雅』――以上の古典を「十三経」としている。

『易経』を熟読せよ

【問】「十三経」は書物の数が多くて、文才のない者には全部を読了して学ぶのは難しい。その中の一つか二つを学んで人としての道を知るための本は、どれですか。

【答】「十三経」というのは、元は『易経』に書かれていた内容の一部を別の本として独立させ、発展拡張させたものなので、『易経』をじっくり学ぶのがよい。とはいえ、『易経』は簡奥玄妙《かんおうげんみょう》（文章は簡潔だが、奥が深く、しかも微妙）なことが記されている本であって、普通の人には理解しづらいところがあるので、『孝経』『大学』『中庸』の三冊をよい先覚者について学ぶようにすれば、頭の良し悪しによって習熟のスピードに速い遅いの差はあっても、志を立てて努力し、気をゆるめたりしなければ、必ずものにできるだろう。まずこの三書を学び、余力があるようなら、実力と自由にできる時間の長さに合わせて「語孟」（『論語』と『孟子』の略称）を学ぶことだ。それでも余力が残っているようなら、「十三経」を全部学んだらいい。

「三益」（触発・栽培・印証）が大事

「十三経」を全部学ばないと悟りは開けないと考えるのも大きな誤解である。なぜなら、「十三経」が全部揃い踏みしていない時代にも徳を完成させた人はたくさんいたからである。むしろ「十三経」がすべて出揃ってからの方が悟りを開いた人の数は少ないのだ。『孝経』「学庸」（『大学』と『中庸』の略称）以外は不要と考えるのも間違いである。なぜなら、それぞれの時代の時・所・位に応じた儒教の中庸中正の教えには止められない勢いがあり、どれもこれも聖賢が手がけたものであるから、無用の書物ではないからだ。学ぶ書物の数の多い少ないに心を奪われてはいけないのである。

「ただひたすら、聖人を目指して頑張るのだ」と自分の志を鼓舞し、陥った迷いについては、そのことを十分自覚した上で、自分の心の奥にある明徳を明らかにすることの益を求めることだ。

「聖経賢伝」の教えには、明徳を明らかにするための「三益」がある。一つは「触発」である。一つは「栽培」(育成)、一つは「印証」(実証)である。この三益は、いずれも自分のふがいなさを憤ることで得られるものだ。日頃から身をもって体験する中で積む功を得ることなく、自身への憤りも感じないなら、一日中、書物を手から離さなくても益が得られるわけではない。もしその益が得られないのであれば、書を読んでも、読まないより劣っている。

あとがき

西郷隆盛、吉田松陰とつながる〝日本陽明学の開祖〟

「中江藤樹がいなかったら、明治維新は起きなかったかもしれない」
というと驚く人もいるだろうが、歴史をたどれば納得がいくはずだ。薩摩藩とともに幕末維新を主導した長州藩の精神的支柱となった吉田松陰は陽明学を信奉した儒者で、その学問の流れをさかのぼると、〝日本陽明学の開祖〟中江藤樹へとたどり着くのである。

松陰は、松下村塾《しょうかそんじゅく》の掛け軸に「知ることと行うことは一つ」を意味する陽明学の大命題「知行合一《ちこうごういつ》」（「ちぎょうごういつ」とも読む）と書いた掛け軸を掲げ、そこで学んだ高杉晋作、久坂玄瑞《くさかげんずい》、伊藤博文らがその思想に大きく突き動かされて維新の偉業を成し遂げたのである。彼らだけでなく、西郷隆盛、大久保利通、勝海舟、坂本龍馬ら多くの逸材が、藤樹が道を開いた「日本陽明学」の影響を強く受け、日本を近代化したのだ。西郷隆盛が心酔した『言志四録《げんししろく》』を著した佐藤一斎も、藤樹を尊敬していた。

維新の英傑と藤樹は、二百数十年という時空を超えて、既成概念には束縛されないという〝見えない共通の理念〟で固く結ばれていたのである。私はそう考えている。

日本で唯一の「聖人」にして「代表的日本人」

中江藤樹は「近江聖人」と呼ばれており、内村鑑三《かんぞう》が一九〇八（明治四十一）年に英文で書いた『代表的日本人』で、西郷隆盛、上杉鷹山《ようざん》、二宮尊徳、日蓮上人とともに取り上げ、海外に広く紹介した五人のうちの一人でもある。

日本で「聖人」と呼ばれているのは中江藤樹だけだ。空海（真言宗）、最澄《さいちょう》（天台宗）、親鸞（浄土真宗）、日蓮（日蓮宗）といった宗祖も「聖人」と讃えられているが、こちらの読み方は「せいじん」ではなく、「上人」に通じる「しょうにん」だ。つまり、中江藤樹は「日本唯一の聖人」なのである。三千年もの歴史がある〝聖人の本家〟中国ですら、「聖人」と呼ばれているのは、伝説の古代帝王堯・舜と禹《う》（夏《か》王朝創始者）、湯王（殷《いん》王朝創始者）、武王と周公旦（周王朝創始者とその弟）、そして孔子と、指折り数えて七人しかいない。孟子は聖人に継ぐ「亜聖」という位置づけだ。

そういったことからも、中江藤樹がいかに傑出した人物であるかがわかるだろう。

『翁問答』は、そんな藤樹が三十三歳のときに世に出た代表作である。だが、現代語訳は昭和に一冊出たきりで、本書が二冊目となる。

人を感化したいなら藤樹に学べ

藤樹が日本人にもたらした影響は、限りなく大きい。江戸・明治・大正・昭和（戦前）を通じて、中江藤樹の名を知らない日本人はいなかったのである。「中江藤樹といえば孝、孝といえば中江藤樹」といわれてきたのだが、いまでは知らない人も多い。そうなった要因は、道徳教育の軽視にある。私は戦後生まれだが、藤樹のことを学校教育で学び、知ったわけではない。小学校低学年の頃、明治生まれの祖母から教えられたのである。

内村鑑三は、村人に「どうしてこれほどの尊敬を受けているのか」と聞いたなら、こう答えるだろうと書いている。

「この村の近くでも、父は子にやさしく、子は父に孝養をつくし、兄弟はたがいに仲良くしています。家では怒声は聞かれず、だれもが穏《おだ》やかな顔つきをしています。これはすべて藤樹先生の教えと後世に遺された感化の賜物です。私どももだれもが、先生の名は感謝をもって崇めています」（岩波文庫『代表的日本人』鈴木範久訳）

そして内村は、こう書くのだ。

「現代の私どもは、『感化』を他に及ぼそうとして、太鼓を叩き、ラッパを鳴らし、新聞広告を用いるなど大騒ぎをしますが、真の感化とはなんであるか、この人物に学ぶがよろしいでしょう」

感化は教化でもあり、藤樹は『翁問答』に、こう記している。

「真実の教化の根本は『徳教』にある。口で教えるのではなく、身を立て正しい道を行うことで人は自然と変わることを徳教といっている」

これは、藤樹が十一歳のときに学んだ中国の古典『大学』の冒頭にある「明徳を明らかにする」（漢文では「明明徳」）ということである。藤樹は、『大学』の次の一節を読んで心がふるえ、涙を流したといっている。

「天子より以《もっ》て庶人《しょじん》に至る。一《いっ》に是《これ》身を修むるを以て本《もと》と為《な》す」（天子から庶民に至るまで、人としての第一の生き方は、身を修めることを基本とする）

そのとき藤樹は「聖人も同じ人間。立派に身を修めて聖人になろう」と誓ったとされている。その誓いは、今日の少年が「将来、サッカー選手になろう」とか「ノーベル賞を取りたい」と思い描いた夢とほとんど変わらないかもしれないが、藤樹が並の人間と違っていたのは、その日から自分を厳しく律し続け、「近江聖人」と呼ばれるまでになったことだ。

祖父の養子となって運命が変わった

中江藤樹は、江戸初期の人である。生を受けたのは、慶長十三（一六〇八）年三月七日。

徳川家康が江戸に幕府を開いた五年後である。生誕の地は近江国（現滋賀県）の湖西（琵琶湖西岸）にある高島郡小川村（現高島市安曇川町《あどがわ》）という農村だ。

名は原《げん》。通称は與右衛門《よえもん》、藤樹は号だ。実家の庭に見事な藤の木があり、春から秋にかけては、その木の下で読書したり、門下生に講義をしたところから、誰いうともなく「藤樹先生」と呼ぶようになり、号としたのである。

父は農業をしていたが、祖父は武士で伯耆国《ほうきのくに》（現鳥取県）の米子《よなご》藩主加藤貞泰に仕えていた。武士の子が農夫というのは不思議だが、どういう事情でそうなったのかはさだかではない。だが、そのことが藤樹の運命を変える。九歳になったときに、祖父が養子にしたいといってきたのである。一人っ子だったから両親は当然拒んだが、藤樹の将来のことをいわれ、しぶしぶ承知した。ところが、米子へ移った翌年、藩主が伊予国《いよのくに》（現愛媛県）大洲《おおず》藩へ移封となり、藤樹も四国へ渡ることになる。わずか一年で、住居が近江、米子、伊予と目まぐるしく変わったのだ。異なる環境が視野を広げたのである。

「修身斉家」の道を志す

大洲藩領は四つの郡《こおり》に分かれており、祖父はその中の風早郡の郡奉行を命ぜられ、藤樹もそこへ移り住んだ。十三歳のときには、浪人に扇動された農民一揆に屋敷を襲撃されるという事件に遭遇したが、少しも恐れる様子を見せなかったので、祖父は喜んだという。だが藤樹は、その翌年に祖母（享年六十三）、次の年に祖父（享年七十五）と死別。相続して百五十石取りの身分となったが、その三年後に父が世を去り（享年五十二）、母一人子一人という境遇になる。十歳から十八歳にかけての多感な時期にかくも劇的な変化が藤樹を襲ったことは、その後の人生や人格に大きな影響を及ぼさずにはおかない。

父と死別する前年、十七歳のときには、学問の面でもエポックメイキングな出来事と遭遇している。藤樹が読み書きを習った曹渓《そうけい》寺で、京都の本山から来た禅僧による『論語』の講義が何日間か催され、参加したのだ。曹渓寺は臨済宗妙心寺派で、藩主加藤家の菩提寺。石庭で知られる龍安寺も同派だ。

『藤樹先生年譜』（藤樹没後のそう遠くない時期に門弟作成）によると、当時の大洲藩には「武を重んじ、文を軽んじる」風潮が苛烈で、藤樹以外に武士は誰も出席しなかった。『翁問答』にも「文武両道」を論じた個所があるが、このことを重ね合わせると理解しやすい。

年譜は記す。現代語訳すると、次のようになる。

「かつて『大学』を学んだとき、『正心《せいしん》』『修身《しゅうしん》』『斉家《せいか》』という言葉に触れ、『儒学で身を修め、家を斉《ととの》える』（修身斉家）という道があることを知ったが、どうすればいいのかを教わる人がおらず、そのままになっていた」

そんなときに親しく講義を受けたのだから、感激しないわけがなかった。禅僧が帰京後、朱子学の祖朱熹の注釈入り『四書全書』を買い求めて独習し、一カ月で読了。これが、朱子学に傾倒するきっかけである。

朱子学から陽明学へ

藤樹最大の転機は、二十七歳。二年前に郷里の母を訪ね、伊予に来るようにと懇請したが、「女は越境するものではない」と拒まれ、果たせなかった。ならば自分が母のもとへ行くしかないと考え、母が死ぬまで出仕を停止してほしいと家老を通じて主君に願い出た。しかし、許しは出ず、意を決して脱藩するのである。寛永十一（一六三四）年冬のことだった。脱藩は罪だが、事情を知った主君は捕縛の手を差し向けることはなかった。

そうやって郷里の近江に戻った藤樹は、酒の小売りなどで生計を立てるかたわら、学問の道に励み、集まってきた門弟たちに藤の大樹の下で教えるようになるのだ。

学問上の転機は、三十代に訪れた。最初は三十三歳で、陽明学を基調とした『性理會通』を読んで刺激を受け、毎月一回太乙神《たいいつしん》（太一神《たいいつしん》／天帝）を祭るようになる。『翁問答』を書いたのはその頃で、『性理會通』の長い引用がある。次が三十七歳で、『陽明全集』を得て、それまで朱子学に感じていた疑問点が氷解したことで陽明学へと思想転換するのだ。

門弟には、大洲藩時代の同志を始め、評判を聞いて集まった他藩の武士もいた。のちに藤樹門下の第一人者となり、『集義和書《しゅうぎわしょ》』を著す岡山藩の熊沢蕃山《くまざわばんざん》もそんな一人だった。

熊沢蕃山が藤樹に弟子入り志願する動機は有名だ。理想の師を求めて旅をしていた蕃山が近江国に泊まったときの話で、『代表的日本人』にも書いてある。隣室から聞こえてきた武士の会話に魂を揺さぶられたのである。その武士がいうには、藩命で数百両（数千万円見当）もの大金を届ける旅に出、宿に落ち着いた後、大金を雇った馬の鞍に縛りつけたまま忘れていたことに気づくのだが、どこの馬子かわからず、茫然とする。そこへ、馬子がその金を届けに来た。喜んで礼金をはずもうとすると、受け取らない。駄賃程度の小銭なら頂戴するというのだ。聞けば、その馬子だけでなく、村の者は皆、日頃から中江藤樹という聖人の教えに感化され、貧しくても清く正しく生きているという。蕃山は感動し、自分が師と仰ぐのはその人しかいないと決めたのである。

だが、藤樹はすぐには受け入れず、入門を許したのは翌年の寛永十九（一六四二）年。蕃山二十四歳。藤樹三十六歳の七月だった。その日から高島村に八カ月間滞在した蕃山に、藤樹は『孝経』『大学』『中庸』を講義した。

――それから五年の月日が流れた。慶安元（一六四八）年戊子《ぼし》八月二十五日卯刻《うのこく》（午前六時頃)、いつものように藤の木の下で静かに読書をしていた中江藤樹は、静かに息を引き取った。『翁問答』『鑑草《かがみぐさ》』『孝経啓蒙《けいもう》』『論語郷党翼傳《きょうとうよくでん》』等の著書を遺して。享年四十一。

平成二十九年五月

城島明彦

参考文献

『藤樹先生全集』全五巻（岩波書店）
『中江藤樹』日本思想大系29（岩波書店）
『中江藤樹　熊沢蕃山』日本の名著11（中央公論社）
『孝経』（中江藤樹訳／讀賣新聞社）
『漢籍国字解全書』（『孝経』熊沢蕃山著／『易経　上下』眞瀬中洲／『大学・中庸・論語』中村惕斎著／『詩経』『書経』『近思録』大田錦城著／『周易上・下』『荀子』以上、早稲田大学出版部）
『易経大講座』第一巻～第十二巻（小林一郎著／平凡社）
『経書大講』（『書経』『詩経』『荀子』小林一郎著／平凡社）
『高島周易講釈』（高島嘉右衛門著／大学館）
『周易活断・通俗詳解』（高島呑象・柳田幾作著／修学堂）
『性理會通』（成祖孝悌御製／国立公文書館蔵）
『論語』（加地伸行全訳注／岩波文庫）
『孟子 上下』（小林勝人訳注／岩波文庫）
『近思録・傳習録』（塚本哲三著／有朋堂書店）

〈訳者略歴〉

城島明彦（じょうじま・あきひこ）

昭和21年三重県に生まれる。早稲田大学政経学部卒。東宝を経てソニー勤務時に「けさらんぱさらん」で第62回オール讀物新人賞を受賞し、作家となる。『「世界の大富豪」成功の法則』『広報がダメだから社長が謝罪会見をする』『ソニー燃ゆ』『ソニーを踏み台にした男たち』などのノンフィクションから『恐怖がたり42夜』『横濱幻想奇譚』などの小説、歴史上の人物検証『裏・義経本』や『現代語で読む野菊の墓』など著書多数。本シリーズの「いつか読んでみたかった日本の名著」の現代語訳に『五輪書』（宮本武蔵・著）『吉田松陰「留魂録」』『養生訓』（貝原益軒・著）『石田梅岩「都鄙問答」』がある。

中江藤樹《なかえとうじゅ》『翁問答《おきなもんどう》』

平成二十九年五月二十五日第一刷発行
令和五年八月三十日第二刷発行

著　者　中江　藤樹
訳　者　城島　明彦
発行者　藤尾　秀昭
発行所　致知出版社
〒150-0001東京都渋谷区神宮前四の二十四の九
TEL（〇三）三七九六―二一一一
印刷　㈱ディグ　製本　難波製本

落丁・乱丁はお取替え致します。　（検印廃止）

ISBN978-4-8009-1147-6 C0095

ホームページ　http://www.chichi.co.jp

Eメール　books@chichi.co.jp